Simon **Chignard**

Open data

Comprendre l'ouverture des données publiques

Préface de
Jacques-François Marchandise

éditions fyp

Collection « Entreprendre », dirigée par Florence Devesa
Édition : Florence Devesa, Adeline Pécout
Imprimé en France sur les presses de l'imprimerie France Quercy - Qualibris

Site compagnon de l'ouvrage

www.donneesouvertes.info est le site compagnon de cet ouvrage. Il propose des liens vers les références citées dans le livre et permet de rentrer en relation avec l'auteur.

ISBN : 978-2-916571-70-6

contact@fypeditions.com
www.fypeditions.com

fyp éditions

Cet ouvrage a reçu le soutien du Conseil régional
du Limousin et de la DRAC du Limousin.

Sommaire

Préface

par Jacques-François Marchandise

En 2012, l'ouverture des données publiques est en train de devenir, lentement, une réalité. Les pionniers sont au travail depuis trois ou quatre ans, mais entreprendre maintenant ce processus, c'est encore être un pionnier : la carte des initiatives françaises que tient l'association LiberTIC est toujours lisible et pertinente – songeons qu'il y a quinze ans on trouvait des annuaires des sites internet. Nous sommes donc dans ce curieux moment où se mêlent le concret et l'inconnu, les guides pratiques et les conjectures. Il est même permis de se demander si l'open data est une mode dont il ne sera plus question dans quelques années, ou au contraire une lame de fond. Le présent ouvrage nous aide à comprendre que l'open data a une histoire, une généalogie plutôt riche, assurément un avenir, et une certaine profondeur.

Dans cet ouvrage, Simon Chignard s'attache à « comprendre » l'ouverture des données publiques. Parmi les mérites de cette entreprise menée avec entrain, l'un des plus manifestes est la simplicité du propos et du langage, un autre est la complexité dont il rend compte, et cette combinaison est de bon augure. L'open data tel qu'il nous aide à le lire est une convergence, issue d'origines diverses, voire antagonistes. C'est, en Europe, une obligation pour les acteurs publics ; certains s'en trouvent confortés dans leurs missions et voient d'un bon œil les perspectives d'augmenter la valeur d'usage de leurs données, d'autres y voient le risque d'une dépossession de l'information qui a fait leur pouvoir, d'autres encore peuvent redouter que leurs données ainsi accessibles les exposent à la concurrence des opérateurs privés et les expulsent de leurs missions, mettant en danger le service public. La plupart y voit à la fois des coûts, des risques et des chances. Tous se confrontent à une remise en cause de leurs systèmes d'information plus ou moins récents, cloisonnés, dépendants d'éditeurs privés, détenteurs de données sensibles.

Mais cette transformation publique ne naît pas seulement d'elle-même. Les dynamiques publiques sont plus anciennes, on les trouve chez les géomaticiens et les statisticiens, dans les champs de la connaissance, de la culture, de la science ; citons pour mémoire la Banque numérique des savoirs d'Aquitaine, les rapports Ory-Lavollée, le développement des archives ouvertes comme HAL accueillant des travaux de recherche publique ou les efforts de mutualisation de l'internet public qu'incarne notamment le site service-public.fr. Dans ces quatre cas, les démarches menées vont à rebours de la marchandisation : la télématique publique a souffert de contrats de concession qui privatisaient sa mise en ligne et a opté pour le comarquage et le partage de l'information ; la science publique est confrontée à la domination commerciale de grands éditeurs mondiaux propriétaires des grandes revues ; le monde culturel a pu croire que son « patrimoine immatériel » était avant tout une manne financière ; et dans ces différents domaines, il paraît à la fois plus pertinent d'éviter une dérive mercantile et de préserver une part importante de biens communs, tant pour les missions publiques que pour l'intérêt des citoyens mais aussi de la vitalité économique. Ce qui est vrai pour l'information le sera-t-il pour les données ? Comment cette « ouverture » croisera-t-elle les approches qui font de la donnée le carburant des services ? Comment intégrera-t-elle les apports de ceux qui en font le levier d'un gouvernement « ouvert » ?

Simon Chignard rend lisible l'hétérogénéité des « trois familles » de l'open data : libérale, libérale-libertaire, participative – et mon parcours au contact des acteurs publics nationaux et territoriaux me fait lui proposer d'y adjoindre la famille des « soldats publics ». Cette typologie nous indique la diversité des mobiles de l'open data. Quoi de commun entre l'approche de « Brest en biens communs » et les approches qui visent à laisser faire le marché et à réduire le périmètre des acteurs publics ? Dès lors, il est difficile d'être purement et simplement militant de l'open data – au moins faut-il préciser les bénéfices attendus – et il est permis d'aller de l'avant tout en questionnant, d'allier pratiques et réflexion, et ce livre sera d'un grand secours aux praticiens réflexifs qui souhaitent comprendre ce qu'ils font.

Au-delà de la mise en perspective, il fait également œuvre utile par sa proposition de quatre classes de réutilisation (consultation, médiation, application, réutilisation spécialisée), comme par la profusion des exemples, des clés de lectures éclairantes et des éléments de décision qui sont proposés. C'est cette intégration dans un même ouvrage de dimensions habituellement séparées (théoriques et pratiques, critiques et stratégiques) qui rend ce travail singulier.

À certains égards, Simon Chignard incarne ce qui est en train de se jouer : son parcours professionnel l'a conduit à bien connaître le monde de l'entreprise et le marketing, son histoire personnelle est marquée par les implications associatives, d'abord dans le micro-crédit (à l'ADIE) puis dans le numérique à vocation citoyenne, avec l'association Bug, à Rennes. Bug est aux premières loges du laboratoire d'innovation numérique qu'est la ville de Rennes depuis une bonne décennie : tout s'y expérimente, avec une subtile combinaison publique-associative-technologique-entrepreneuriale portée par un écosystème vigoureux. En 2009, Simon participe à la création de la Cantine numérique rennaise, lieu de rencontres et de travail au croisement de différents réseaux ; Rennes s'engage dans l'open data, il anime des rencontres sur le sujet à la Cantine, puis participe au jury technique qui analyse les applications et services du concours open data de Rennes, le premier en France. Il se trouve dès lors en position d'observateur embarqué, au contact de toutes les initiatives. Avec la Fing, il a participé aux ateliers du Forum Villes 2.0 que nous avions organisés à Rennes et connaît bien nos travaux sur la Ville 2.0, plateforme d'innovation ouverte. C'est très naturellement que nous le voyons prendre sa place dans les premières rencontres qui ont lieu aux quatre coins de la France, dont nous sommes parfois organisateurs, souvent contributeurs : de notre point de vue, il est l'un des membres actifs de la communauté Fing – ce qui n'aliène nullement sa participation à d'autres communautés ouvertes. La nouvelle répartition des rôles entre acteurs publics, privés, associatifs et citoyens lui est d'emblée familière : elle est dans sa pratique quotidienne.

Au-delà de l'ouverture des données publiques, la question de leur appropriation par le plus grand nombre, de l'élargissement de l'écosystème de production aux citoyens et aux entreprises, de l'élargissement des réutilisations à la sphère associative et aux médias est aujourd'hui devant nous. Notre capacité à vivre dans un environnement toujours plus riche en données, en applications et en services est aussi en question : risques d'un foisonnement difficile à maîtriser, d'une pérennité délicate à garantir, d'un fétichisme des chiffres et indicateurs qui nourrit toutes les inquiétudes de ceux qui pointent les dérives du management public, privé et même personnel. Parce que nous nous retrouvons volontiers dans cette curieuse articulation de l'enthousiasme des explorateurs et du doute des humains contemporains, nous voyons dans ce livre une étape de nos parcours croisés.

Cet ouvrage sera précieux pour les néophytes, qui ont besoin de comprendre l'importance du phénomène open data et des efforts qui sont faits en la matière, comme pour les experts, pour qui il constitue une utile mise en perspective. Au premier rang, les décideurs et praticiens publics et les innovateurs numériques ; mais aussi tous ceux, citoyens, associations et professionnels, qui vivent désormais dans un monde de données qu'ils se trouvent en mesure d'enrichir et de réutiliser, à des fins très diverses : les écueils sont nombreux, les enjeux importants. L'open data doit devenir l'affaire de tous, sous peine de ne bénéficier qu'à certains.

Introduction

La donnée, la donnée publique, la donnée ouverte

Bienvenue dans un monde de données

En 1854, à Londres, le médecin anglais John Snow révolutionne la compréhension et le traitement du choléra, en collectant et en analysant des données. Il utilise des techniques de cartographie pour recenser les décès dans le quartier de Soho et démontrer le lien avec l'une des fontaines publiques des environs (la principale source d'eau potable pour les habitants à l'époque). Au milieu du XIXe siècle, la science médicale affirmait que le choléra se transmettait par les miasmes : il suffisait de respirer un air vicié pour tomber malade à son tour. Mais la carte établie par Snow a permis d'identifier le véritable vecteur de propagation de la maladie, à savoir l'eau contaminée.

La découverte de John Snow est créditée comme l'un des tout premiers exemples de l'utilisation possible des données pour analyser une situation, prendre des décisions raisonnées et, *in fine*, dans le cas de cette maladie, construire de nouvelles connaissances.

Aujourd'hui, les données sont partout et de tout ordre. « Tout est donnée », pourrait-on même écrire. Une collectivité territoriale possède des systèmes d'information géographique, des bases de données constituées de cartes, de points d'intérêts divers et utiles à son fonctionnement (tracé des routes et des voies ferrées, emplacement des équipements municipaux, etc.). On retrouve aussi dans ces bases la localisation précise des sources d'eau potable.

La donnée publique aide à la prise de décision, pour des projets d'aménagement par exemple, ou pour l'évaluation des politiques mises en œuvre. Elle se révèle nécessaire au bon fonctionnement des services du quotidien, des transports à la vie culturelle en passant par les crèches ou les écoles.

Les acteurs publics produisent aussi des données liées à la vie économique : statistiques et prévisions, registres des sociétés, etc.

La donnée est un fait brut, qui n'est pas – encore – interprété. Prenons un exemple pour illustrer la différence entre une donnée et une information. Si je consulte mon thermomètre et que je lis qu'il fait 17 °C dehors, c'est un fait, une donnée brute. Si je dis que le temps me semble plutôt frais pour la saison, il s'agit d'une information – j'ai combiné un constat factuel et mon expérience du climat local en cette période de l'année.

Il faut impérativement distinguer ces deux notions de donnée et d'information, même si la seconde englobe la première. Une donnée se définit comme un matériau à l'état brut, que l'on peut manipuler, traiter, analyser soi-même. *A contrario*, une information est souvent une donnée qui a déjà été traitée, mise en forme et contextualisée par des tiers. L'open data s'intéresse à la donnée elle-même, plutôt qu'à l'information ou aux documents[1].

Les services et institutions publics ne sont pas les seuls à produire des données. Un nombre croissant d'objets qui nous entourent dans notre vie moderne et numérique engendrent des données sous forme de « traces ». Par exemple ma position géographique, la température, la vitesse de mes déplacements tels que les enregistrent les capteurs de mon smartphone. « Tout est donnée ». Le secteur public gère également des informations à caractère personnel. Par exemple l'historique d'un patient tel que le connaît l'assurance maladie : qui est son médecin traitant ? Souffre-t-il d'une pathologie lui donnant accès à la gratuité des soins ? Le secteur privé, lui aussi, collecte des données concernant ses clients. Par exemple l'historique de consommation d'un abonné : combien de personnes a-t-il appelées ce mois-ci ? Combien de SMS a-t-il envoyés ?

On distingue donc bien la donnée publique de la donnée tout court, et la donnée personnelle de la donnée publique. Un troisième type de données est au cœur de cet ouvrage : la donnée ouverte.

1. On verra d'ailleurs, dans le chapitre « Un open data à la francaise », que la loi distingue le droit d'accès aux documents administratifs et celui de réutilisation des données publiques.

De la donnée publique à la donnée ouverte

Toutes les données publiées en ligne ne peuvent pas pour autant être qualifiées d'ouvertes. Il importe notamment de prendre en compte la possibilité et la facilité de réutilisation de ces informations.

Depuis le début des années 2000, tous les établissements (publics ou privés) participants au service public hospitalier sont soumis à des enquêtes régulières sur leurs pratiques et la qualité des soins qui y sont prodigués. La Haute Autorité de Santé (HAS) est en charge de cette mesure et publie les résultats en ligne, sous forme de documents PDF.

Le rapport pour l'année 2010 d'un hôpital indique, dans la catégorie « qualité de la prise en charge » que l'établissement a obtenu une note de 81 points (sur 100) pour l'évaluation de la douleur. Il est par ailleurs précisé que ce centre de soins figure parmi les « élèves corrects » – pas les meilleurs, ni les moins bons – et que, depuis l'enquête précédente, sa performance sur le sujet demeure plutôt stable.

Il s'agit assurément d'une donnée publique, produite dans le cadre d'une mission de service public (le suivi de la qualité des établissements de santé). S'agit-il pour autant d'une donnée ouverte ? Pour pouvoir répondre à cette question, il faut étudier les usages possibles des informations publiées.

Un militant des droits des patients, concerné par la question de la prise en charge de la douleur, souhaite utiliser ces données. Il veut savoir s'il existe de possibles différences géographiques dans l'approche de la douleur en France. Comment fait-il alors pour établir cette « carte de France » du traitement de la douleur ? Il doit :

- Identifier les sources d'information pertinentes,
- Récupérer les informations brutes,
- Réaliser son analyse en agrégeant les notes obtenues par région (ou département).

Ce sont bien des données publiques que le ministère publie. On peut d'ailleurs se réjouir (ou se lamenter) de cet effort de transparence, discuter les méthodes et les critères retenus. On peut même remettre en cause l'intérêt de l'évaluation des politiques publiques en matière de santé et débattre de leur impact sur la qualité de la prise en charge des patients ou l'évolution du budget consacré aux établissements de soins, en particulier l'hôpital public. Toutefois, mettre en ligne des rapports d'enquête, des documents, au format PDF (donc non réutilisables), ne signifie pas que l'on procède à l'ouverture des données publiques. Il est indéniable qu'une donnée publiée ainsi n'est pas pour autant une donnée ouverte.

La définition du concept de données ouvertes

Pour qu'une donnée soit qualifiée d'ouverte, il faut qu'elle réponde à un ensemble de critères techniques, juridiques et économiques, notamment :

- La mise à disposition dans un format technique le plus ouvert possible, qui facilite la réutilisation (en particulier via des moyens informatiques) et n'impose pas l'utilisation d'un logiciel propriétaire ;
- L'utilisation de licences juridiques ouvertes, qui ne restreignent pas (ou peu) les utilisations possibles des données ;

- La limitation des redevances susceptibles de constituer des freins économiques pour les personnes réutilisant ces données.

En septembre 2007, à Sébastopol en Californie, trente penseurs du web et des technologies se sont rencontrés pour détailler le concept de donnée publique ouverte. Parmi eux se trouvaient notamment Lawrence Lessig, professeur de droit à Stanford, promoteur des licences Creative Commons, et Tim O'Reilly, écrivain et éditeur, à qui l'on doit notamment la définition du concept « web 2.0 ».

Ils ont considéré qu'une donnée publique est ouverte si elle est mise à disposition conformément aux huit principes suivants :

1. Données complètes : toutes les données publiques doivent être ouvertes, sauf exception : les données susceptibles de porter atteinte à la vie privée des individus (données nominatives) ou à la sécurité du territoire ;

2. Données brutes : les données doivent être mises à disposition sous leur forme première, avant tout travail d'agrégation ou de mise en forme ;

3. Données à jour : les données sont publiées aussi vite que possible pour préserver leur fraîcheur et leur valeur ;

4. Données accessibles à tous, pour tous les usages ;

5. Données dont le traitement peut être automatisé : les données sont structurées afin de permettre un traitement informatisé ;

6. Accès non discriminant : il n'est pas nécessaire de s'inscrire ou de s'enregistrer préalablement pour accéder aux jeux de données ;

7. Format non-propriétaire : les données sont mises à disposition dans des formats non-propriétaires ;

8. Licence libre : les données ne doivent pas être soumises à des droits d'auteur ou des droits de propriété intellectuelle. Des restrictions raisonnables à ce principe sont autorisées.

Il faut souligner à ce stade que les rédacteurs de cette déclaration[2] ont adopté une définition assez précise – et exigeante – de l'open data. Dans la pratique (et dans les exemples d'ouverture des données publiques exposés dans cet ouvrage), on a plus souvent affaire à des données plus ou moins ouvertes, selon qu'elles satisfont à la totalité ou à la plupart des principes énoncés.

On ne peut pas qualifier d'ouvertes, les données publiées en ligne par le ministère de la Santé, car *a minima* :

- Les données ne sont pas toutes brutes, certaines ont déjà fait l'objet d'un traitement (par exemple, l'indication de l'évolution par rapport à l'enquête précédente : stable, en progression, en dégradation)[3] ;
- Le format de mise à disposition, le document PDF, ne permet pas de traitement automatisé et informatisé simple ;
- Le PDF est d'ailleurs un format propriétaire ;
- Il n'est nulle part fait mention des licences applicables à la réutilisation de ces données. Ai-je le droit d'envisager une réutilisation commerciale ? Suis-je en droit de les modifier ? Dois-je systématiquement en préciser la source ?

À ce stade de notre enquête, nous avons donc « rencontré » la donnée publique et même la donnée publique publiée, mais toujours aucune trace de la donnée ouverte. Le chapitre suivant va nous permettre de l'identifier.

2. Déclaration publiée sous le titre : « 8 Principles of Open Government Data » (les 8 principes des données publiques ouvertes), le 8 décembre 2007, disponible sur www.opengovdata.org.
3. Les données sont publiées sur un site dédié : www.platines.sante.gouv.fr.

Ouvrir ses données, pour quels bénéfices ?

En France, le droit à la réutilisation des données publiques est reconnu par la loi[4]. Il faut cependant souligner qu'à ce stade, les informations personnelles et celles susceptibles de porter atteinte à la sécurité ne sont pas concernées par l'open data.

Deux grands types d'arguments sont mis en avant lorsqu'il s'agit de démontrer les bénéfices de l'ouverture des données. Comme le précise Valérie Peugeot, prospectiviste au sein du laboratoire de sciences sociales et humaines d'Orange Labs, certains relèvent du champ politique, d'autres du champ économique. L'approche politique de l'open data insiste notamment sur la revitalisation de la démocratie par la participation, de la citoyenneté par la transparence, et sur l'opportunité de repenser la relation entre administrations et administrés. Tandis que la vision économique évoque l'ouverture des données comme un facteur d'innovation, de création de nouveaux services, de contribution à la croissance, et d'amélioration de la vie quotidienne (*cf.* exemple dans l'encadré ci-contre).

Permettre à un militant des droits des patients de comparer la prise en charge de la douleur dans les établissements de santé de France relève bien du champ politique et de la participation démocratique. En favorisant la création d'un nouveau service utile comme un calculateur d'itinéraires pour les handicapés, on démontre la capacité de l'ouverture des données publiques à encourager l'innovation.

---

4. *Cf.* le chapitre « Un open data à la française ».

Pour comprendre les articulations – et les tensions éventuelles – entre les sphères économiques et politiques de l'open data, il est important de retourner aux racines du mouvement et à ses origines anglo-saxonnes. Retraversons la Manche, puis l'Atlantique.

Exemple de données ouvertes pour faciliter la mobilité des handicapés

En 2010 à Rennes, deux développeurs en informatique ont utilisé les données ouvertes par la collectivité pour construire un service de calcul d'itinéraires pour les handicapés. Parmi les données mises à disposition par la collectivité et l'opérateur du réseau de transport, figure un fichier recensant l'emplacement des trottoirs surbaissés. Géré par le service du système d'information géographique (SIG) de la ville, il recense l'intégralité des trottoirs surbaissés et précise leur localisation, soit près de 80 000 points. Ce document est utilisé par les techniciens de la municipalité, dans le cadre des travaux d'aménagement (réfection et mise en place de nouveaux passages piétons, etc.). En combinant différentes sources de données ouvertes, les deux ingénieurs ont construit le service Handimap[5], accessible en ligne et sur tout téléphone mobile connecté à internet. Service unique sur le territoire, il propose des calculs d'itinéraires adaptés aux personnes à mobilité réduite. Handimap répond à des besoins auxquels aucun autre service en ligne (Mappy, Google Maps ou ViaMichelin, par exemple) n'avait jusqu'ici répondu.

5. *Cf.* le site www.handimap.org : « La ville accessible à tous ».

Chapitre 1

Comprendre :
aux sources de l'open data

1- Les racines de l'open data

a) Une philosophie de l'action publique : le gouvernement ouvert

Au moment de son élection, le président Barack Obama s'est révélé comme l'un des plus ardents promoteurs de l'open data, et plus globalement du gouvernement ouvert. Les médias du monde entier ont décrit la dynamique que l'équipe d'Obama a su créer autour de sa campagne électorale, en particulier en ligne. On a retenu l'outil, moins sa finalité et les objectifs qui sous-tendent son utilisation.

Contrairement aux périodes électorales françaises durant lesquelles le candidat se livre au porte-à-porte, aux États-Unis, ce sont bien les militants, reliés par le réseau social dédié (mybarackobama.com), qui sont allés à la rencontre de leurs voisins. La participation se situait au cœur même de sa conquête du pouvoir. Obama lui-même s'est d'ailleurs présenté comme le premier *« We, President »,* manière de souligner l'implication des citoyens américains dans le mode de gouvernement qu'il entendait proposer. Il renouait en ce sens avec l'ambition d'un des Pères fondateurs de la nation américaine qui souhaitait amener chacun à participer aux affaires de son pays « chaque jour et pas seulement le jour de l'élection »[6].

Le premier jour de son mandat, Barack Obama signe trois mémorandums. Ces lettres sont pour la plupart destinées aux chefs des ministères et des agences gouvernementales américaines. Bien entendu, l'exercice se révèle politique, car il donne des signaux forts sur les priorités de la nouvelle présidence. Deux d'entre eux concernent précisément le sujet du « gouvernement ouvert » (*open government*).

Le premier, « Transparency and Open Government » est assez succinct[7]. Il débute par une déclaration de principe, rappelant l'engagement de l'administration Obama à promouvoir la transparence dans la tenue des affaires publiques. Il invite les agences fédérales et les ministères à appliquer les trois piliers du gouvernement ouvert :

- La transparence : « Exploiter les nouvelles technologies pour mettre en ligne et rendre facilement accessibles au

6. *Cf.* Corinne Lesnes, *Aux sources de l'Amérique. Les enfants de Washington face à leur histoire*, Buchet Chastel, 2008.

7. Quant au second, il concerne le principe de transparence et de publication des informations publiques, *cf.* le lien : www.whitehouse.gov/the-press-office/freedom-information-act.

public des informations sur leurs activités et les décisions prises » ;

- La participation : « Offrir [aux citoyens] des possibilités accrues de contribuer à l'élaboration des politiques et de fournir à leur gouvernement les bénéfices de leur savoir et expertise collective » ;

- La collaboration : « Utiliser des outils innovants [...] pour coopérer entre eux, à tous les niveaux de gouvernement, mais aussi avec des ONG, des entreprises et des particuliers du secteur privé ».

On reconnaît, à la lecture des mémos d'Obama, des similitudes fortes avec les principes appliqués dans le monde du logiciel libre (*open source*). Cette filiation se traduit d'ailleurs clairement dans la contribution de Tim O'Reilly (éditeur et auteur américain) au sujet du gouvernement ouvert : il s'agit d'appliquer aux affaires publiques les principes de l'open source et ses méthodes de travail[8].

Ce dernier mouvement se trouve au cœur de nombreuses innovations dans le domaine de l'informatique et d'internet ces quinze dernières années. Certaines sont bien connues, comme l'encyclopédie participative Wikipédia, qui atteint aujourd'hui plus d'un million de contributions pour la version francophone. D'autres créations de l'open source sont moins bien identifiées par le grand public, mais pourtant essentielles aux services en ligne, par exemple le logiciel Apache utilisé par la majorité des serveurs qui hébergent des sites web.

8. *Cf.* Daniel Lathrop et Laurel Ruma (dir.), avec la contribution de Tim O'Reilly et *al.*, *Open Government : Collaboration, Transparency, and Participation in Practice*, O'Reilly Media, 2010.

L'open source met au cœur de sa démarche et de ses pratiques les notions d'ouverture, de participation et de collaboration. Chaque programmeur qui contribue est invité à le faire publiquement, via des plateformes de partage des codes sources. Il peut bénéficier du travail des autres, mais doit en échange republier sa production, permettant ainsi la création d'une expertise collective. Le travail entre les développeurs accorde la part belle aux collaborations de pair-à-pair (basées sur la compétence et la réputation) plutôt que sur des relations hiérarchiques formelles. L'ouverture (*openness*) constitue le carburant des approches open source, open government et open data. Elle représente à la fois une philosophie d'action et une profession de foi, une pratique et un objectif.

Les penseurs de ces mouvements sont convaincus que l'ouverture vaut mieux que la fermeture, que la collaboration et la participation entre acteurs restent préférables à la décision d'un seul individu, aussi bien intentionné soit-il. En un mot, que l'ouverture, en tant que valeur, porte la promesse d'un monde meilleur et plus juste.

Cette philosophie n'a pas attendu l'invention de l'internet pour se diffuser. Norbert Wiener[9], mathématicien américain né à la fin du XIXe siècle, fut célèbre pour avoir posé les bases de la cybernétique dès les années 1950, mais aussi pour avoir refusé de participer aux travaux sur l'arme nucléaire américaine. Après la Seconde Guerre mondiale, bouleversé à la fois par le recours à la bombe atomique face au Japon et par les camps de concentration en Europe, Norbert Wiener se focalise sur les questions de société et envisage même d'abandonner la recherche scientifique. Il place la communication et l'information au cœur de sa pensée et en fait une

9. *Cf.* notamment Norbert Wiener, *Cybernétique et société*, Éditions 10/18, 1962.

réponse aux barbaries du XXe siècle. Norbert Wiener, selon les termes du sociologue français Philippe Breton[10], pose les bases de l'utopie de la communication. Wiener ne néglige cependant pas son sujet premier, à savoir l'information et sa transmission[11]. Le secret (la fermeture) a rendu possible Hiroshima et Auschwitz, dit-il en substance, l'ouverture et la transparence permettront, à l'avenir, de les éviter.

L'idée de la transparence comme outil démocratique est reprise par nombre de mouvements de la société civile. La Sunlight Foundation, dont la devise est « La lumière du soleil est le meilleur des désinfectants », mène depuis des années un long travail de sensibilisation sur ce sujet. Ces organisations ont joué un rôle important, en particulier dans les pays anglo-saxons, pour inciter les acteurs publics à ouvrir leurs données. L'open data ne se limite donc pas aux États-Unis, il trouve également une résonnance particulière au Royaume-Uni. Dès juin 2009, le Premier ministre britannique Gordon Brown annonce la nomination de deux conseillers du gouvernement pour les questions d'ouverture de données : Tim Berners-Lee et Nigel Shadbolt, tous deux chercheurs reconnus en informatique. Les deux scientifiques ont pour mission la mise en place du portail data.gov.uk, site de publication des données du gouvernement britannique.

Tim Berners-Lee est considéré comme l'inventeur du web. En 1990, alors qu'il travaillait au sein de l'organisation européenne pour la recherche nucléaire (plus connue sous l'acronyme CERN), il pose le principe des liens hypertextes qui

---

10. *Cf.* Philippe Breton, *L'Utopie de la communication. Le mythe du « village planétaire »*, La Découverte, 2004.

11. On retrouvera dans cet ouvrage plusieurs figures scientifiques qui ont impulsé le mouvement d'ouverture des données publiques. Le lien entre le monde de la recherche et celui de l'open data sera pour sa part traité dans cet ouvrage au chapitre suivant.

guide la navigation sur internet. La même année, il fut l'auteur d'une intervention remarquée lors de la conférence TED (Technology Entertainment Design) à Long Beach en Californie[12]. Dans sa présentation, Tim milite pour l'émergence d'un web de données et non plus uniquement un web de documents. Beaucoup de documents se trouvent maintenant en ligne grâce aux liens hypertextes, explique-t-il. Mais nombre d'informations, stockées dans des bases de données, ne sont pas publiées sur le web et ne sont donc pas utilisables. Il cite les nombreux freins à l'innovation et au progrès des connaissances (par exemple dans le domaine de la recherche médicale). C'est à cette occasion qu'il lance son fameux « Nous voulons des données brutes, maintenant ! »[13], autant un cri de guerre envers les détenteurs de données qu'un cri de ralliement pour tous les militants de l'ouverture de ces mêmes données.

Au moment où Gordon Brown nomme ces deux conseillers pour l'open data, le Royaume-Uni vit ses derniers mois de gouvernement travailliste. Les élections législatives de 2010 voient l'arrivée au pouvoir de David Cameron, le chef du parti conservateur. Celui-ci confirme Tim Berners-Lee et Nigel Shadbolt dans leurs fonctions. L'open data a en effet été inscrit dans les programmes des deux principales formations politiques du pays. Il ne s'agit plus d'un sujet d'opposition, mais plutôt d'une cause commune, reprise par chacun.

On doit sans doute en partie cette unanimité à la campagne que deux journalistes du *Guardian,* Charles Arthur et Michael Cross, ont menée depuis 2006. Ils ont notamment

12. La conférence TED se déroule chaque année depuis 1990. La vidéo de Tim Berners-Lee a été vue plus de 500 000 fois depuis sa première diffusion en mars 2009 (www.ted.com).
13. *Loc. cit.* : « We want raw data now! »

publié une lettre ouverte ayant pour titre « Rendez-nous les joyaux de la Couronne »[14], où l'on peut y lire les propos suivants : les agences gouvernementales, dont l'Ordnance Survey[15], sont financées par les impôts des contribuables et pourtant celui qui veut récupérer les données et les plans qu'elles produisent doit les payer. Cette barrière à la réutilisation est dommageable tant pour les autres organisations publiques et les collectivités (les premières « clientes » de l'Ordnance Survey) que pour les innovateurs.

Durant trois années, les chroniqueurs du *Guardian* n'ont eu de cesse de publier régulièrement leur revendication dans le journal, en l'illustrant des bénéfices que l'on peut tirer de l'ouverture des données publiques. En novembre 2009, Gordon Brown annonce que l'Ordnance Survey va mettre en ligne, librement et gratuitement, ses cartes au 1/10 000e.

Dans l'exemple britannique, il est intéressant de noter le rôle et l'implication du milieu scientifique dans la démarche de mise à disposition des informations publiques. Pour mieux comprendre cette proximité, il faut identifier les autres racines du mouvement open data.

b) Sciences ouvertes et données ouvertes

Le concept de données ouvertes a vu le jour dans le domaine de la recherche publique. Les chercheurs se sont inquiétés les premiers des risques liés au non-partage des résultats de leurs travaux.

---

14. *Loc. cit.* : « Give us back our crown jewels ».

15. L'Ordnance Survey (littéralement « Service cartographique de l'État ») est une agence du Royaume-Uni chargé de la cartographie du pays. Il est l'équivalent de l'IGN français.

Le terme d'open data lui-même apparaît en 1995, dans un document d'une agence scientifique américaine[16]. Il y est question de l'ouverture des données géophysiques et environnementales. « Notre atmosphère, les océans et la biosphère forment un ensemble intégré qui transcende les frontières », écrivent les auteurs de ce rapport. Ils soutiennent un échange complet et ouvert des données scientifiques entre les différents pays, condition indispensable de l'analyse et de la compréhension de ces phénomènes globaux.

Le risque de privatisation des connaissances produites constitue un autre élément en faveur de la non-fermeture. Cette préoccupation a été à l'œuvre lors du projet de séquençage du génome humain dans les années 1990.

Le projet Génome humain et l'ouverture des données

Lancé en 1989, le projet Génome humain (ou HGP pour Human Genom Project) a pour objectif d'aboutir au séquençage du génome humain (notre ADN) afin de mettre au point de nouvelles thérapies géniques pour traiter des maladies incurables.

Le programme de recherche a connu dans son histoire plusieurs rebondissements, le plus important ayant été la décision en 1998 de Craig Venter, alors à la tête d'une fondation à but non lucratif, de créer une société, Celera Genomics, pour mener à bien le séquençage de notre ADN. Les investissements très lourds consentis par les financeurs de Celera Genomics – de l'ordre de 300 millions de dollars – devraient être rentabilisés par la vente aux compagnies pharmaceutiques d'accès à la base de données. Le tollé est général dans la communauté scientifique : n'y a-t-il pas un risque de voir confisquer ce qui devrait constituer un bien commun au profit d'une initiative privée ?

16. « On the Full and Open Exchange of Scientific Data », une publication du Committee on Geophysical and Environmental Data - National Research Council, 1995.

En juin 2000, Celera Genomics annonce être sur le point de publier la carte complète du génome humain, en ayant recours à ce que Craig Venter qualifie à l'époque de « plus importants moyens informatiques jamais employés à des fins civiles ».
En moins d'un mois, Jim Kent, un ingénieur de l'université de Santa Cruz, Californie, construit un programme informatique permettant de recompiler toutes les découvertes du projet public HGP. Jim Kent est un adepte du logiciel libre. Les outils qu'il manipule appartiennent au domaine du libre. Sa philosophie, est celle du libre. Il publiera ses résultats et sa méthode pour en permettre une réutilisation non commerciale : « Au lieu de nous présenter une boîte noire, il a nous a montré tous les détails » s'enthousiasme l'un des directeurs scientifiques du HGP.
Le 26 juin 2000, Bill Clinton annonce à la Maison-Blanche que le séquençage des données brutes du génome humain est officiellement terminé. Les deux parties se sont accordées sur un match nul et il n'y aura pas de privatisation de l'accès aux découvertes scientifiques (du moins pour ce domaine de recherche). Jim Kent est alors présenté comme un héros dans le domaine du libre. Il concilie l'usage des outils, la philosophie et la conviction suivante : la donnée scientifique doit être ouverte.

Le sociologue américain Robert King Merton, qui fut l'un des pères de la sociologie des sciences[17], a donné son nom à la théorie qui démontre le bénéfice de l'ouverture des données scientifiques. Il importe, explique Merton, que les résultats des travaux soient accessibles à tous librement. Chaque chercheur doit contribuer au « pot commun » et renoncer aux droits de propriété intellectuelle pour permettre l'avancée de la connaissance.

17. Il a publié, en 1942, « The normative Structure of Science », un article fondateur sur les principes méthodologiques et éthiques qui doivent guider la démarche scientifique. On y retrouve notamment l'universalisme, le communisme, le désintéressement et le scepticisme organisé.

On remarque donc que le mouvement open data, bien avant de constituer un objet politique, prend racine dans les milieux scientifiques. Ce sont les chercheurs qui ont perçu les premiers le bénéfice de l'ouverture et du partage des données.

c) Les biens communs et l'open data

Il y a une filiation du mouvement open data avec celui des biens communs.

Les biens communs sont des biens sur lesquels personne ne peut prétendre posséder des droits de propriété exclusifs ; ils appartiennent à tous. Cette notion désignait initialement les biens communs matériels, comme l'air ou l'eau. Elle s'est progressivement étendue au domaine de l'information. En effet, les biens communs informationnels possèdent une particularité importante : ils ne sont plus « soustractibles », c'est-à-dire que leur usage par l'un ne remet pas en cause l'usage par l'autre. La reproduction d'un bien numérique a un coût marginal qui tend vers zéro[18]. Ce mouvement s'intéresse à la sphère non marchande. Dans cette optique, le rôle de l'acteur public est aussi de s'assurer qu'il reste des savoirs inaliénables et que tout ne puisse pas se marchander.

En France, Brest a été l'une des toutes premières collectivités à se lancer dans une véritable politique de biens communs informationnels, notamment en reversant au pot commun toutes les informations géographiques[19]. Et ceci, bien en amont des premières initiatives d'ouverture des données en France.

18. Nous reprenons ici les termes d'Elinor Ostrom, prix Nobel d'économie 2009 pour ses travaux sur les biens communs.

19. *Cf.* notamment les rencontres « Brest en biens communs », organisées en 2009 et 2011 et, dans le dernier chapitre de cet ouvrage, l'exemple de Plouarzel.

Enfin, on doit souligner l'apport de Lawrence Lessig, dans la déclaration de 2007[20], qui pose la définition de la donnée ouverte. Les licences libres, du type Creative Commons qu'il a contribué à lancer, ont d'ailleurs largement inspiré les licences utilisées dans le cadre de l'open data.

d) La demi-ouverture des entrepreneurs du web

Les entreprises du web expérimentent depuis des années déjà et avec un grand succès une demi-ouverture[21] de leurs données et de leurs services. Prenons l'exemple du site de vente en ligne amazon.fr : on peut y rechercher un ouvrage ou un auteur, comparer différentes éditions (la version originale, la réédition en format poche) et éventuellement faire un achat en ligne. Pourtant, le site d'Amazon n'est pas le seul endroit où l'on trouve les produits qu'il propose. Des blogs spécialisés peuvent par exemple offrir à leurs lecteurs une sélection de livres à partir du catalogue d'Amazon, et en faciliter l'achat sans qu'il soit nécessaire de quitter leur site web. Pour rendre possible ce genre de services, Amazon fournit des interfaces de programmation (ou API pour Application Programming Interface). Elles expliquent comment on peut interroger les données bibliographiques de la base. Il s'agit bien d'une « demi-ouverture » dans la mesure où les informations elles-mêmes restent toujours la propriété d'Amazon. Celui-ci les produit, les stocke, et en contrôle l'usage qui peut en être fait. Il ne fournit pas ses données à des tiers, il en permet l'accès sous certaines conditions. La nuance est de taille.

---

20. *Op. cit.* note 2.

21. *Cf.* Valérie Peugeot, Julien Duprat et Damien Tremblay, « Web des données, données ouvertes », rapport pour le compte d'Orange Labs disponible en ligne sur : http://laborange.academia.edu.

Ce principe des API est aujourd'hui omniprésent sur internet. L'exemple le plus visible reste sans doute celui du site de cartographie Google Maps. Il y a des milliers de façons de consulter les cartes produites par ce service autrement qu'en se connectant sur maps.google.com. Par exemple, le site de réservation du groupe hôtelier Accor propose, sur chaque fiche décrivant un établissement, un plan Google Maps permettant de le localiser.

Ces interfaces de programmation (API) sont en quelque sorte l'équivalent, pour les programmes informatiques, des interfaces homme-machine (IHM) utilisées pour interagir avec les objets numériques, par exemple les smartphones. Pour faire défiler une image sur un écran tactile, le doigt de l'utilisateur décrit un mouvement rapide de droite à gauche. La machine va décoder le geste et accomplir l'action demandée, en l'occurrence afficher l'image suivante. Une API fonctionne de manière identique : elle explique à un programme informatique comment faire (comment la solliciter) pour obtenir le résultat recherché.

Au-delà des questions techniques, une idée importante réside dans le concept d'API : on peut dissocier le contenu (les données, les documents) de l'interface à travers laquelle on y accède (le site, l'application mobile) sans pour autant en perdre totalement le contrôle. En procédant ainsi, les entrepreneurs du web des années 2000 ont démontré qu'une ouverture, même partielle, peut s'avérer bénéfique à leur propre activité. Cette stratégie se trouve au cœur des modèles de Google Maps et d'Amazon, de Flickr ou de Twitter. Elle impose en outre une certaine manière de considérer les tiers et les réutilisateurs comme des apporteurs et des générateurs d'affaires plutôt que comme des concurrents. Il faut d'ailleurs une certaine modestie pour accepter que, parfois, les bonnes idées ne viennent pas nécessairement de son entreprise, de son organisation ou de sa collectivité. En 2008, le gouvernement britannique lançait d'ailleurs un concours de réutilisation des premières données publiques ouvertes sous un titre qui constitue, en lui-même, tout un programme : « *Show us a better way* »[22].

e) Le fruit de la culture politique anglo-saxonne

Le mouvement d'ouverture des données publiques est le fruit de la culture politique anglo-saxonne. Le système parlementaire, le rôle de l'opposition, l'obligation de rendre des comptes en forment les composantes.

L'intérieur du Palais de Westminster est moins connu que la tour de Big Ben, mais il est tout aussi imposant, en particulier la Chambre des communes (*House of Commons*) où siègent les 650 élus du Royaume-Uni. Le visiteur français est immédiatement frappé par la disposition du lieu qui diffère de celle de notre Assemblée nationale : les représentants de la majorité et de l'opposition se font face. Ils ne sont pas répartis côte à côte comme dans l'hémicycle du Palais Bourbon. Sur le sol de la Chambre des communes sont dessinées deux lignes blanches parallèles. Aucun délégué n'a le droit de les franchir avant que la session ne soit levée. La distance entre ces deux « frontières » correspond à la longueur de deux épées, signe que l'affrontement est bien réel...

On pourrait attribuer cette disposition en rectangle plutôt qu'en demi-cercle à une facétie de l'histoire[23]. Elle reflète pourtant bien une culture politique différente de la nôtre,

22. Trad. : « Montrez-nous une meilleure manière de faire ».

23. La Chambre des communes actuelle a été dessinée à partir de l'agencement de la toute première chambre qui se situait, elle, dans une chapelle.

celle d'une répartition des rôles bien formalisée entre le pouvoir et l'opposition parlementaire. Le chef de cette dernière possède d'ailleurs un statut particulier et perçoit une indemnité équivalente à celles des membres du gouvernement.

La pratique du cabinet fantôme (*shadow cabinet*) est, elle aussi, une invention anglo-saxonne où chaque ministre en exercice se voit attribuer par l'opposition son double qui suit son action, la commente et la critique – d'où le nom de fantôme. Rendre des comptes (*accountability*) fait partie intégrante de la culture politique anglo-saxonne. De façon assez frappante, l'un des exemples les plus régulièrement cités de ce que produit l'open data au Royaume-Uni est la visualisation (*Where does my money go ?*)[24] qui présente le budget britannique selon la destination des dépenses.

Le rejet du *big government* constitue un autre trait caractéristique de cette approche. Ce qui est dénoncé, initialement par les conservateurs aux États-Unis, est le fait que le gouvernement fédéral puisse interférer de manière trop importante avec la vie quotidienne des citoyens. On demeure bien loin du modèle de l'État protecteur à la française.

L'idée libérale mise en œuvre dans les pays anglo-saxons n'est d'ailleurs pas étrangère à une certaine défiance envers les services publics. Elle se traduit par un questionnement sur leur efficacité, sur leur financement et sur l'étendue de leurs activités. L'argument qui revient alors le plus souvent consiste à dire « puisque je paye des impôts, je dois avoir le droit de réutiliser gratuitement les données produites par les services publics ». C'est en partie la démonstration mise en œuvre par la campagne du *Guardian* – un quotidien, rappelons-le, classé à gauche au Royaume-Uni.

24. Trad. : « À quoi servent mes impôts ? »

Tim O'Reilly précise[25] que *l'open government*, n'est pas la simple utilisation des techniques du web 2.0 (participation, médias sociaux) pour gérer les affaires publiques, mais avant tout une démarche de réinvention et de retour aux sources. Il propose une analogie avec le web des années post-bulle internet (le tout début des années 2000), où le secteur paraît dévasté et incapable de se relever. À l'époque, la Silicon Valley opère un retour aux fondamentaux de l'internet, son « ADN primitif », c'est-à-dire un réseau d'égal à égal, avec une certaine symétrie entre producteur du contenu et consommateur.

Ce qui définit *l'open government* serait donc d'une part, le constat d'une défaillance du mode de gouvernance (le fameux *« Washington is broken »* d'Obama) et, d'autre part, le nécessaire travail de réinvention de l'action publique. Or, poursuit O'Reilly, l'État trouve sa légitimité dans le fait qu'il y a des problèmes qui sont mieux traités au niveau collectif qu'individuel.

Il existe bien un lien fort entre la culture politique anglo-saxonne et la naissance du mouvement d'ouverture des données. Cette articulation est sous-tendue par la croyance affichée en la capacité de la technologie à changer les affaires publiques, et *in fine*, à améliorer le monde.

Peut-on classer l'idée politique de l'open data à l'anglo-saxonne sur la grille de lecture gauche/droite qui prévaut en France ? Des premiers, l'idée d'open data reprend la notion de démocratie participative, de capacité du citoyen à participer à la décision collective, de notion de bien commun, de décentralisation, d'esprit coopératif. De la droite libérale,

25. Dans sa contribution « Government as a platform », in *Open Government : Collaboration, Transparency, and Participation in Practice*, O'Reilly Media, 2010, *op. cit.*

l'open data retient surtout la volonté de ne pas laisser à l'État (sous toutes ses formes) le monopole des questions et des réponses publiques. On y retrouve aussi la croyance en la capacité du marché à assumer certaines fonctions de l'État. Mais de quoi parle-t-on lorsque l'on donne la possibilité au secteur privé de réaliser des applications et des services que la collectivité ne peut ou ne souhaite pas développer ? On constate que sur nombre de points, notre culture politique se révèle différente de celle des pays anglo-saxons. Comment alors penser une ouverture des données publiques qui tienne compte de ces différences et des spécificités de notre culture. En un mot : existe-t-il un open data à la française ?

2- Un open data à la française ?

a) Le contexte juridique national et européen

- **L'approche nationale**

En France, l'année 1978 est marquée par deux actes juridiques fondateurs pour notre sujet. La Cnil (Commission nationale informatique et libertés) est créée par la loi du 6 janvier 1978 sur les données personnelles, appelée « loi informatique et libertés ». Le second texte, édicté le 17 juillet 1978, traite de la question des documents administratifs et donc des données publiques, et c'est la Cada (Commission d'accès aux documents administratifs) qui est chargée d'en assurer la bonne application.

La question des données personnelles concerne chacun d'entre nous et la protection de ces données demeure un sujet sensible. Chaque fois que l'on remplit un formulaire, quelques mots nous indiquent comment exercer nos droits sur les données que l'on fournit. La Cnil demeure donc bien connue du grand public. À l'inverse, son homologue pour les données publiques, la Cada, reste largement méconnue de nos concitoyens.

Selon la loi Cada de 1978 (art. 1er, al. 2), les données publiques sont des informations contenues dans les documents produits ou reçues par un acteur public dans le cadre de ses missions de service public. On entend par acteur public : l'État ; les collectivités territoriales (régions, départements et communes) ; et les autres personnes de droit public ou de droit privé chargées d'une mission de service public. La notion de « document public » est d'ailleurs assez large puisqu'il peut s'agir de données brutes comme des statistiques, mais aussi d'études, de rapports, de comptes-rendus, de notes et réponses ministérielles, d'instructions, de plans, etc.

La loi Cada fait la distinction entre trois droits : l'utilisation des documents administratifs (par les acteurs publics eux-mêmes), leur accès et la réutilisation des données publiques[26].

Par ailleurs, la même loi précise deux critères importants pour déterminer les droits applicables :

- Les données sont-elles produites ou reçues dans le cadre d'une mission de service public ?

- Le producteur et/ou détenteur des données publiques est-il un acteur public ou une personne (de droit public ou privé) en charge d'une mission de service public ?

---

26. Entretien avec Cédric Favre, corédacteur *in* « Les Données publiques. Guide juiridique & pratique », *Guide Juridique*, n° 4, AEC, 2010.

En cas de réutilisation, le statut juridique des données publiques soulève une autre question. La loi de 1978 (art. 10, al. 2, b) opère une distinction particulière pour les données produites ou reçues dans l'exercice d'une mission de service public à caractère industriel et commercial (SPIC). C'est le cas d'un grand nombre de structures telles que la RATP, la SNCF ou l'Établissement français du sang (EFS). Les documents produits ou reçus par ces organismes (lors de leurs missions de service public) sont soumis au droit d'accès, mais exclus du droit de réutilisation. Pour résumer : on peut demander à la RATP de consulter des documents concernant la station de métro la plus proche (par exemple sa fréquentation moyenne journalière), mais on ne possède pas le droit de réutiliser ces données sans accord exprès.

Une autre exception (loi Cada, art. 11) concerne les établissements de recherche, d'enseignement ou culturels (par exemple, les archives publiques départementales). S'ils le souhaitent, ces organismes peuvent décider seuls des conditions de réutilisation de leurs documents publics, presque comme dans le cas des établissements publics à caractère industriel et commercial (EPIC). On peut comprendre le sens de cette limitation : de telles publications n'entrent pas nécessairement dans le cadre des données publiques. En effet, celles-ci peuvent être protégées par des droits spécifiques dévolus à leurs auteurs et donc être régies par des règles issues du droit de propriété intellectuelle.

Du reste, toute personne physique ou morale peut saisir la Cada (une autorité administrative indépendante) en cas de refus d'accès ou de réutilisation de documents. La Commission rend un avis consultatif, que l'acteur public n'est donc pas contraint de suivre. Si le refus persiste, le demandeur peut se présenter devant les tribunaux administratifs. En 2010, près de 5 000 demandes ont été traitées par la Cada, ce qui représente une augmentation de près de 10 % par rapport à l'année précédente. Concernant les thèmes, l'urbanisme, la fonction publique (dossiers individuels) et les affaires sociales (dossiers médicaux ou d'allocataires, etc.) représentent près de la moitié des demandes.

Dans son rapport d'activité de 2010, la Cada souligne, à propos de la réutilisation des données publiques, que « [...] cette possibilité [...] n'avait pas paru susciter, dans les premières années, un intérêt particulier chez les réutilisateurs éventuels, un changement considérable s'est produit depuis un ou deux ans, la réutilisation faisant maintenant l'objet d'un intérêt marqué ». Ce même rapport précise cependant que les demandes concernant exclusivement la réutilisation des données (et non l'accès aux documents) représentent à peine 2 % des dossiers traités. Un faible pourcentage, mais une charge de travail conséquente : « Souvent inédites pour l'administration, qui perçoit encore mal les enjeux de la réutilisation, les demandes dans ce domaine posent des questions particulièrement délicates et totalement nouvelles. »

- **L'approche européenne**

La loi Cada a été modifiée en 2005 par la directive 2003/98/CE du parlement européen et du conseil, du 17 novembre 2003, concernant la réutilisation des informations du secteur public. Selon l'approche européenne, cette réutilisation est d'abord vue comme une opportunité économique, avant toute considération de transparence ou de vitalité démocratique. Il est d'ailleurs intéressant de noter les termes employés : l'Union européenne évoque la réutilisation, pas l'ouverture ni la libération des données publiques[27].

En décembre 2011, Neelie Kroes, commissaire européenne en charge des questions numériques, publie un plaidoyer en faveur de l'open data. Elle qualifie de « mine d'or » les informations issues du secteur public et propose, en outre, l'extension du principe de gratuité[28].

Toujours dans le cadre de l'analyse des impacts de la directive 2003/98/CE précédemment citée, la Commission européenne a commandité une étude intitulée « Measuring European Public Sector Information Resources », fréquemment citée par son acronyme Mepsir. Je vous propose, dans l'encadré ci-dessous, quelques éléments importants concernant l'étude Mepsir.

L'étude Mepsir de 2006

L'étude Mepsir évalue à 26 milliards d'euros le marché des informations publiques dans les pays européens. Mepsir n'a pas pour ambition de mesurer les bénéfices potentiels de l'ouverture des données, elle évalue l'état du marché à un moment donné, en juin 2006, où la directive est transposée dans les pays membres de l'Union européenne, mais n'a pas encore produit ses effets.
La méthodologie utilisée mérite d'être détaillée. Dans chaque état, des organismes publics et des réutilisateurs directs sont invités, via une enquête en ligne, à estimer la taille du marché sur lequel ils interviennent (information légale ou économique, information géo-

27. On retrouve la différence dans les expressions en langue anglaise : « *data re-use*, *open data* et *free our data* ».

28. La « ruée vers l'or » est une image que l'on retrouve couramment pour désigner la conquête d'un territoire inconnu, dont la propriété n'est pas toujours bien établie. L'or revient à celui qui a pris la peine de l'extraire, avec ses propres moyens. C'est une rhétorique qui évoque aussi l'image des pionniers, ceux qui auront compris avant les autres comment s'approprier le minerai et en tireront ainsi les bénéfices.

graphique, transports, etc.). Le chiffre de 26 milliards d'euros (c'est-à-dire 1 milliard par membre de l'Union à l'époque) correspond à la valeur médiane citée par les réutilisateurs. La moyenne s'élève à 47 milliards d'euros, montrant ainsi les très larges variations dans les estimations des répondants.
Conscients des faiblesses de la méthode utilisée, les auteurs de l'étude précisent d'ailleurs que « les indicateurs économiques présentés sont des estimations fournies par un échantillon des acteurs du marché eux-mêmes, et par conséquent, ne reflètent pas nécessairement la réalité du marché ».
Autre élément important, la transposition française de 2005 a fait disparaître la distinction entre le caractère commercial ou non commercial de la réutilisation. Dit autrement : à partir du moment où la donnée devient ouverte, le réutilisateur peut en faire l'usage qu'il souhaite, que ce dernier génère ou non des recettes.

- **La tarification et la gratuité**

La loi Cada n'impose pas au producteur et/ou détenteur de données de les mettre à disposition gratuitement. Elle prévoit même la possibilité de mettre en place des « redevances de réutilisation ». Si la réutilisation est permise à titre payant, comment peut-on déterminer le montant de cette redevance ? Imaginons qu'une donnée existe dans le système d'information d'une collectivité, mais que, pour des raisons techniques ou organisationnelles, son « ouverture » nécessite des travaux complémentaires, l'exportation dans des formats de fichiers ouverts par exemple.

La première méthode de calcul – dite « du coût complet » – prendra en compte l'intégralité des dépenses depuis la création de cette donnée. On va étudier les coûts de collecte, de saisie, de stockage, de maintenance et de mise à disposition.

La seconde approche – dite « du coût marginal » – prendra uniquement en compte les dépenses liées à l'ouverture de la donnée (les travaux) et non la totalité des frais. Concernant les modes de tarification, voir l'encadré ci-dessous, l'exemple de l'étude du BETA.

L'étude BETA

Le Bureau d'économie théorique et appliquée (BETA) de l'université de Strasbourg a réalisé, en 2010, une étude sur le sujet pour le compte de l'Agence du patrimoine immatériel de l'État (APIE). Cette analyse distingue deux modes de tarification en fonction du caractère commercial ou non commercial de la réutilisation. En voici les principales conclusions :

« Dans un contexte budgétaire contraint, l'étude conclut qu'une tarification raisonnable, permettant de couvrir les dépenses d'enrichissement des données publiques, peut constituer un optimum en cas de réutilisation commerciale. La perception d'une redevance assure dans ce cas un transfert de charge du contribuable finançant la production des données vers le réutilisateur sans diminuer l'efficience économique globale. Pour les usages non commerciaux, une tarification au coût marginal de mise à disposition est généralement optimale, le consentement à payer des réutilisateurs pour ce type d'usage étant généralement faible. Le rapport ne traite cependant pas du cas particulier où des entités publiques interviennent sur un marché concurrentiel et/ou doivent autofinancer une partie de leur budget de fonctionnement »[29].

Les deux derniers cas particuliers cités ci-dessus ne sont pas anecdotiques, puisqu'ils incluent par exemple la SNCF (pour la partie de son activité concurrentielle, c'est-à-dire les trains grandes lignes), l'Institut géographique national (IGN), Météo France ou l'Institut national de la propriété industrielle (INPI) dont une partie du budget provient précisément de la vente de ces données ou de produits dérivés.

29. Source : présentation de l'étude BETA sur le site de l'APIE.

Il y a eu, entre 2009 et 2011, un large débat sur la question de la gratuité, qui a vu s'opposer plusieurs points de vue. L'État voyait initialement d'un bon œil la possibilité de valoriser un patrimoine immatériel (d'où le nom de l'agence gouvernementale APIE), surtout en période de restrictions budgétaires. Un grand nombre d'acteurs du mouvement open data ont publiquement pris position en faveur de l'extension du principe de gratuité et, le 21 février 2011, le décret Etalab a été publié. Il emprunte son nom à la mission en charge de la constitution et de la gestion du portail interministériel de mise à disposition de données publiques : data.gouv.fr.

Le décret détaille les conditions de mise en place d'une redevance de réutilisation et oriente clairement le débat en faveur d'une réutilisation consentie presque « par défaut » à titre gratuit. Les acteurs publics qui souhaitent faire payer leurs données doivent désormais déposer une demande, qui fera l'objet d'un avis du conseil d'orientation de l'édition publique et de l'information administrative (COEPIA). Cela réduit la capacité de ces organisations à poser des « barrières financières » à la réutilisation, comme l'indique l'association Regards Citoyens.

b) Le « regard public » à la française

Début décembre 2011, le gouvernement lance le portail data.gouv.fr, fruit du travail de la mission Etalab, mise en œuvre par le Premier ministre et dirigée par Séverin Naudet.

Le Premier ministre François Fillon indique que « [cette] initiative contribuera donc à renforcer la transparence de l'action de l'État. Elle ouvrira le champ à une discussion avec les citoyens à qui les institutions – celles de l'État, mais aussi celles des collectivités locales – doivent rendre des comptes »[30]. Nicolas Sarkozy revient lui aussi sur le lancement du portail français : « Il ne sert à rien de résister à cette transparence. Il vaut beaucoup mieux jouer le jeu de l'accès aux données publiques que de résister. Il n'y a pas de secrets d'État. Ce n'est pas possible ! »[31].

Au moment où le gouvernement fait l'éloge de la transparence (et la relie clairement à l'open data), un peu plus d'une année s'est écoulée depuis que plusieurs quotidiens américains et européens (dont *Le Monde*, *El País* et le *Guardian*) ont divulgué les télégrammes diplomatiques de WikiLeaks. Ces publications avaient fait l'effet d'un coup de tonnerre. Le fondateur de WikiLeaks, Julian Assange, fut l'objet de toutes les controverses, qualifié de héros de la liberté d'expression par les uns, et d'ennemi public numéro un par les autres. En France, dans sa grande majorité, le personnel et les commentateurs politiques ne se sont pas montrés tendres avec WikiLeaks[32] ainsi qu'avec les journaux qui ont travaillé avec lui. À cette époque, le débat se cristallise autour de la « tyrannie de la transparence » et internet fait figure de vecteur coupable.

Une étude d'opinion[33] publiée en 2011 montre que les Français plébiscitent la transparence dans la plupart des domaines, jugeant par ailleurs la politique comme l'un des trois secteurs les moins transparents, avec le nucléaire et les marchés financiers.

30. Discours de François Fillon aux 4e assises du numérique, Paris, 30 novembre 2011.

31. Discours du Président de la République à l'occasion de l'inauguration du nouveau siège de Google à Paris, cité par le journal *Le Monde* daté du 10/12/2011.

32. François Baroin, alors porte-parole du gouvernement déclare : « J'ai toujours pensé qu'une société transparente était une société totalitaire » lors d'un entretien sur Europe 1, le 29/11/2010.

33. Étude IFOP commanditée par le réseau social immobilier Coocoonhome.

Dans la tradition anglo-saxonne, le terme de transparence (*transparency*) est souvent associé à celui d'*accountability* que l'on peut traduire par le fait de répondre de ses actes. Le gouvernement doit travailler sous le regard public (*public scrutiny*). Le député PS et président du Conseil général de Saône-et-Loire, Arnaud Montebourg, cite d'ailleurs le « regard public » comme l'un des enjeux et objectifs de l'ouverture des données du département qu'il dirige. Le politique doit être comptable de ses actes et d'ailleurs il est déjà régulièrement interpelé sur le terrain, comme le précise le candidat aux primaires citoyennes de 2011. L'objectif affiché de promotion d'un regard public à la française semble donc, à première vue, transpartisan. L'association Regards Citoyens, initiée sous la forme d'un collectif en 2009, se positionne précisément dans le champ du regard public. Elle constitue l'une des organisations les plus actives sur l'open data en France. Ses fondateurs, pour la plupart des informaticiens, partagent une ambition commune : « proposer un accès simplifié au fonctionnement de nos institutions démocratiques ».

Observatoire citoyen de l'activité parlementaire : NosDéputes.fr

Regards Citoyens a notamment développé un site, nosdeputes.fr, qui propose de suivre l'actualité de votre parlementaire. L'association récupère les données publiées par l'Assemblée nationale dans des comptes-rendus (au format PDF) et constitue ainsi une base de données sur les activités des députés. Les indicateurs retenus sont : la présence en séance et en commissions, le nombre de questions posées, le nombre de mots prononcés dans l'hémicycle ou encore les avis et propositions de loi cosignées par le parlementaire.

En mai 2009, l'Assemblée nationale a voté le principe de sanctions pour les députés ne participant pas suffisamment aux travaux du Parlement (en particulier la commission permanente du mercredi matin et les scrutins solennels dans l'hémicycle). Regards Citoyens a publié en 2010 et 2011 une analyse des impacts positifs et négatifs de ce nouveau point du règlement. L'association prend soin de préciser que son étude ne constitue pas un classement des absentéistes parlementaires, même si à la lecture des nombreuses coupures de presse nationale et régionale reprises sur leur site, on constate que c'est bien la traduction que l'on en fait dans les rédactions.
Il est plus intéressant de noter que selon Regards Citoyens, la médiatisation des députés sanctionnés à l'été 2010 impactait positivement leur participation ultérieure. La publication de la première enquête avait fait l'objet d'une vive réaction du président de l'Assemblée Bernard Accoyer qui « déplor[ait] les classements publiés dans le but de stigmatiser les députés pour absentéisme, sur la base d'informations incomplètes et erronées, qui contribuent à alimenter l'antiparlementarisme sous le prétexte, certes légitime, de transparence ».

Le travail de Regards Citoyens s'inscrit dans la droite ligne des groupes de surveillance citoyenne qui sont présents dans le paysage politique anglo-saxon, mais dont l'implantation en France était jusqu'ici assez réduite.

c) L'open data à la française : des malentendus ?

La transparence, le regard public, le fait d'être comptable de ses actes, la croyance dans la technologie comme outil de transformation de la société constituent autant d'éléments issus de la culture politique anglo-saxonne. Ces principes ont nourri l'open data, comme philosophie et comme pratique. L'adaptation au contexte français a donné lieu à une série d'ajustements, parfois sources de tensions ou de malentendus. Ces derniers portent aujourd'hui sur :

- Les arguments : pourquoi ouvrir les données ?
- Le contenu : qu'est-ce qu'une donnée ouverte ?

• **Les arguments**

Les arguments en faveur de l'ouverture des données publiques relèvent de deux domaines : politique (transparence, participation, rendre des comptes, etc.) et économique (l'open data comme facteur d'innovation et de croissance).

Il y a, dans l'approche anglo-saxonne, une vraie continuité entre ces champs : le bien-être social découle du bien-être économique. La puissance publique doit faciliter le développement du secteur privé, ou au moins ne pas l'entraver. Quand la commissaire européenne évoque l'image de la mine d'or pour qualifier les informations issues du secteur public, elle ne le fait pas par dogmatisme libéral. Elle demeure convaincue que ce qui est bon pour les acteurs économiques sera bénéfique pour la société dans son ensemble.

Nombre d'initiatives françaises, issues tant des collectivités territoriales que de l'État, reprennent ces arguments comme faisant partie d'un ensemble cohérent et indissociable. Pourtant, certaines questions demeurent :

- En quoi le fait de faciliter l'innovation économique peut-il constituer un facteur de renforcement démocratique ?
- En quoi la transparence revendiquée permet-elle de favoriser l'activité économique ?
- En quoi cette transparence encourage-t-elle la participation démocratique ?

Pour mieux saisir les tensions qui traversent le sujet, il est intéressant de dresser le portrait des « familles » de l'open data en France. J'en distingue trois principales : la famille libérale, la famille libérale-libertaire et la famille participative. À elles trois, elles forment une étrange coalition de fait en faveur de l'ouverture des données publiques.

Ces courants de pensée se distinguent par l'articulation qu'elles proposent entre les trois parties prenantes : les acteurs publics, les acteurs économiques et les citoyens. La famille libérale s'avère la plus proche de la conception anglo-saxonne de l'open data. Elle se saisit du sujet comme un moyen d'évaluer le rôle et la performance des acteurs publics, par la transparence de leurs actions et de leurs défaillances. L'ouverture est un outil de promotion économique et doit amener à repenser les frontières entre les services opérés par le secteur public et ceux qui pourraient être exercés par des tiers, privés ou caritatifs.

Le *think tank* iFRAP (Fondation pour la recherche sur les administrations et les politiques publiques) constitue l'un des représentants de cette approche. Très active sur le sujet de l'open data, la fondation a rédigé un manifeste intitulé « Les données nous appartiennent ! », reprenant l'argument du financement par le contribuable pour justifier la gratuité pour les réutilisateurs[34]. Elle a notamment publié une liste des données qu'elle souhaite voir ouvertes par les administrations et les collectivités, afin de pouvoir mener ses études.

On y trouve entre autres les éléments suivants[35] :

---

34. Argument que l'on retrouve dans le monde anglo-saxon sous le terme de « *tax payer's dollar* ».

35. La liste complète est consultable sur le site www.ifrap.org.

- les salaires des hauts fonctionnaires,
- le taux d'absentéisme des enseignants et des autres fonctionnaires,
- le coût de la CMU de base,
- le montant de l'argent du paritarisme qui va chaque année aux syndicats,
- le nombre de jours de grève chaque année dans les trois fonctions publiques,
- les statistiques locales de la criminalité, etc.

La famille libérale voit dans l'ouverture des données publiques le moyen pour la société civile de faire pression sur le secteur public, et *in fine*, de promouvoir les acteurs économiques.

La seconde famille est libérale-libertaire. Peu représentée sur l'échiquier politique traditionnel en France, elle est relativement méconnue. Les libéraux-libertariens affichent une méfiance et une défiance radicale envers les institutions et plus généralement toute forme d'État. Ils font le constat que les formes actuelles de gouvernance demeurent inefficaces et obsolètes, que l'opacité vise précisément à couvrir ces défaillances – si ce n'est de possibles corruptions. L'ouverture des données publiques doit permettre à chaque citoyen d'exercer son « droit de regard public », et *in fine*, de contrôle sur la conduite des acteurs publics. Il est peu question du marché dans le discours de la famille libérale-libertaire, contrairement à l'approche libérale, mais plutôt de la recherche d'autres modes d'auto-organisation. Ce courant de pensée est présent dès les origines d'internet. Il inspire aux États-Unis la Sunlight Foundation. L'une des critiques de cette vision libérale-libertaire est qu'elle se focalise prioritairement sur l'ouverture comme objectif et moyen (en accordant notamment une grande importance aux formats et aux licences) au détriment d'une compréhension fine des conséquences de l'ouverture des données[36].

La famille participative s'empare de l'open data comme une opportunité de coproduction entre les citoyens et les acteurs publics. Il n'y a ni défiance, ni méfiance radicale vis-à-vis de ces derniers. Bien au contraire, on présente l'open data comme la possibilité de transformer une contrainte légale en une opportunité sociale et économique. La Fondation internet nouvelle génération (Fing) est l'un des acteurs les plus actifs en France sur le sujet.

Dès 2008, la Fing et Chronos s'intéressent, dans le cadre du programme de recherche « Villes 2.0 », aux capacités du numérique à favoriser la participation citoyenne. L'ouvrage de synthèse *La Ville 2.0, plateforme d'innovation ouverte*[37] dessine en 2009 plusieurs pistes. La Fing intègre l'open data dans une démarche plus large : « L'innovation ouverte est aussi une condition de la modernisation des services publics. Celle-ci ne peut pas seulement reposer sur des gains de productivité ou l'application de "bonnes pratiques". Elle a aussi besoin de la participation active d'autres acteurs, entreprises, acteurs publics de différents échelons, médias, associations, usagers. »

L'association LiberTIC, représentée par Claire Gallon, s'inscrit aussi dans ce courant de pensée. Elle a mené un lobbying pour obtenir l'ouverture des données à Nantes et a ensuite participé à sa mise en place avec les services de la ville et de la métropole. Elle intervient aujourd'hui dans l'animation de la démarche sur le territoire.

36. *Cf.*, à ce sujet, la critique de Mike Gurstein : « Are the Open Data Warriors Fighting for Robin Hood or the Sheriff? », http://gurstein.wordpress.com.

37. Daniel Kaplan, Thierry Marcou, *La Ville 2.0, plateforme d'innovation ouverte*, FYP Éditions, 2009.

L'approche participative ne se conçoit résolument pas en opposition aux acteurs publics. Elle se distingue en ce sens des courants libéraux et libéraux-libertaires[38].

- **La définition des données ouvertes**

Le deuxième niveau de malentendu concerne la définition même des données ouvertes.

La loi Cada et la directive européenne de 2003 ne le spécifient pas avec précision. Elles posent les bases de ce qu'est une donnée publique réutilisable, mais n'imposent pas le mode opératoire de leur ouverture. Par exemple, le fait qu'une information délivrée sous un format papier ou un fichier PDF est conforme au droit européen. L'évaluation du degré d'ouverture ne se réalise donc pas à l'aide de textes juridiques, mais plutôt à partir des prises de position des acteurs. Valérie Peugeot propose une grille de lecture selon trois axes pour définir les contours de la donnée ouverte[39] :

- Le critère juridique : quelles sont les licences applicables aux données ouvertes, quels sont les droits et garanties accordés aux réutilisateurs ?

- Le critère technique : dans quels formats les données sont-elles mises à disposition ? Ces formats sont-ils des standards de fait ou des standards ouverts et interopérables ?

- Le critère économique : la donnée est-elle l'objet d'une monétisation directe ou indirecte ? Est-elle mise à disposition gratuitement ou via le paiement d'une redevance ?

---

38. Jacques-François Marchandise propose d'y ajouter une quatrième famille : celle des « soldats publics » : agents des collectivités principalement, ils veillent à ce que l'ouverture des données publiques se fasse dans le cadre de leur mission de service public et dans le respect de l'intérêt général.

39. Définition de l'« ouverture dans le contexte des données ouvertes » consultable en ligne, sur inscription : http://laborange.academia.edu/ValériePeugeot.

Les débats sur ce dernier point se concentrent aux frontières. Toutes les familles de l'open data s'accordent sur le principe de gratuité pour la majorité des données ouvertes, mais son extension à l'intégralité des données des acteurs publics demeure sujette à discussion.

Quant aux critères techniques, doit-on tolérer que certaines données soient publiées dans des formats dits standards de fait (par exemple XLS de Microsoft Excel) plutôt que dans des formats réellement ouverts et interopérables (par exemple le format CSV) ?

Enfin, sur l'aspect juridique, peut-on accepter des licences semi-ouvertes (avec des conditions d'usages permissives) plutôt que strictement ouvertes (et clarifiant tous les droits d'usages) ?

Les acteurs de l'open data pourront apporter des réponses différentes, en fonction de leur sensibilité propre[40]. Tim Berners-Lee propose pour sa part de noter les démarches sur cinq étoiles.

Les cinq étoiles de Tim Berners-Lee [41]

★ Données accessibles sur le web (sans condition de formats).
★★ Données accessibles structurées (exemple : Excel au lieu de l'image d'un tableau).
★★★ Formats non propriétaires (exemple, CSV au lieu d'Excel).
★★★★ Usage d'URL pour identifier les données.
★★★★★ Données liées sémantiquement (lier une donnée à des données d'autres producteurs pour mieux les contextualiser).

40. Nombre de collectivités qui se sont lancées dans des démarches open data se sont ainsi vu reprocher soit une licence jugée semi-ouverte, soit l'usage de standards de fait.

41. Pour une approche concrète de cette notation sur 5 étoiles, *cf.* le site http://5stardata.info.

Le mouvement open data, dans sa composante française, est donc constitué d'acteurs poursuivant chacun des objectifs propres, mais susceptibles de se retrouver, par exemple sur le principe de la gratuité des données ouvertes. De plus, les définitions mêmes du concept donnent lieu à des interprétations différentes selon les acteurs. On peut attribuer cette diversité au terme lui-même, à la nouveauté du concept et à son adoption rapide et transpartisane.

L'expression « open data » représente en elle-même une difficulté. En langue anglaise, elle désigne tout à la fois, la démarche d'ouverture et l'objet, à savoir la donnée ouverte[42]. L'usage d'un terme en anglais ne facilite pas en soi sa compréhension par le plus grand nombre.

La nouveauté du concept explique aussi en partie les malentendus qu'il génère. Il faut toujours se rappeler que les premières initiatives territoriales remontent aux années 2007-2008, dans les pays anglo-saxons, et sont encore plus récentes en France : en 2008, création d'un groupe de travail pour des données ouvertes et mises en commun à Brest ; en 2009, première rencontre open data à la Cantine, à Paris ; en 2010, premier portail de collectivité à Rennes.

Dans le champ politique, l'open data apparaît donc comme un objet mal identifié dont l'adoption est particulièrement rapide et transpartisane[43].

42. Interrogé sur sa définition de l'open data, Séverin Naudet chargé de la mission Etalab répond « rendre accessible les informations publiques ».

43. On peut même souligner qu'il s'agit peut-être de l'une des premières idées techno-politiques qui s'est diffusée à la vitesse des réseaux.

3- Les limites et les oppositions à l'open data

L'ouverture des données publiques suscite des questionnements, voire des oppositions, en particulier sur les résultats qu'elle produit et ses conséquences à terme. Ces interrogations portent sur :

- Les bénéficiaires de la transparence : l'open data profite-t-il à tout le monde ?
- Les risques de fragilisation des modèles économiques de la donnée : que se passe-t-il quand la gratuité est généralisée ?
- La privatisation de la donnée publique : et si cela permettait à quelques acteurs de s'accaparer ce qui devrait relever du bien commun ?

a) Les bénéfices de la transparence

Le mouvement open data évoque souvent la capacitation (*empowerment*) des individus comme l'un des résultats positifs de la démarche. En fournissant l'accès aux données, on permet à chacun de se les approprier et de les utiliser pour faire valoir ses droits.

Pour illustrer cette possibilité, voici l'exemple de la ville américaine de Zanesville dans l'Ohio, régulièrement cité, notamment par Tim Berners-Lee. En 2008, un avocat utilise des données ouvertes pour démontrer une discrimination raciale dans l'accès à l'eau potable. Il réalise une carte qui montre que les foyers occupés par des Afro-Américains sont beaucoup moins souvent raccordés au réseau que ceux occupés par des blancs. Les communautés concernées se sont vu accorder par la justice américaine une réparation à hauteur de 11 millions de dollars.

À première vue, l'open data semble donc un outil permettant une capacitation des citoyens. Cependant, comme le souligne Mike Gurstein[44], le projet dont il est question a été mené par des professionnels appartenant à un institut spécialisé, le Cedar Grove Institute for Sustainable Communities, et l'avocat qui a plaidé la cause des habitants de Zanesville est diplômé de l'université de Harvard. Cela ne remet pas en cause le bénéfice concret de leurs actions, mais relativise l'idée d'une capacitation « pour tous ». Nous sommes alors confrontés au risque d'un open data pour quelques-uns, en particulier ceux qui se révèlent déjà les plus « capables ». C'est d'ailleurs l'une des conclusions d'une étude sur la numérisation des registres fonciers en Inde (voir ci-dessous l'encadré sur le programme Bhoomi).

Le programme Bhoomi

Le gouvernement d'un État du sud de l'Inde a lancé, en 2001, un très important projet de numérisation de plus de 20 millions de registres fonciers, le Bhoomi. Il a reçu le soutien de la Banque mondiale pour cette initiative pilote de e-gouvernance, qui accompagne la réforme agraire.

Benjamin Solly, un chercheur d'origine américaine, a étudié les impacts du programme Bhoomi dans la région de Bangalore. Il décrit un phénomène de renforcement du pouvoir par les plus forts, au détriment des plus pauvres. Les grands propriétaires ont utilisé l'accès public aux registres fonciers pour évincer les occupants de certains terrains. La numérisation a mis en lumière des erreurs dans les registres, et seuls ceux en mesure d'exploiter les données ont su en tirer parti. La gestion des terrains et des sols, autrefois réalisée au sein des communautés, est remontée au niveau de l'État, éloignant ainsi la décision des habitants.

44. *Cf.* Mike Gurstein, « Open Data : Empowering the empowered or effective data use for everyone ? », 2/09/2010, sur son blog http://gurstein.wordpress.com.

L'exemple indien souligne la différence entre : **l'accès** (mettre à disposition les données) ; et **l'utilisation effective** (permettre à chacun de se les approprier). Pour éviter ce phénomène de renforcement des plus forts, il faut accompagner l'appropriation des données par les utilisateurs[45].

b) Fragilisation des modèles économiques de la donnée

On a vu précédemment que la gratuité tend à devenir le standard de fait en matière de tarification des données publiques. L'argumentation tient notamment au fait que le coût marginal (c'est-à-dire ce qu'il faut payer en plus pour ouvrir une donnée déjà existante) est très faible. Il s'agit d'une constante en économie de l'information : produire un logiciel demande beaucoup d'investissement, mais le reproduire en plusieurs millions d'exemplaires exige peu de moyens.

Pour la donnée publique, le raisonnement demeure identique : elle ne coûte quasiment rien à reproduire, alors que sa conception initiale peut être onéreuse. Une donnée topographique demande le travail de géomètres, qui se rendent sur le terrain pour effectuer les mesures. La mesure de données environnementales nécessite l'installation de stations de mesure sur le territoire, ce qui représente là encore une charge importante.

Le mouvement open data « neutralise » cet élément en invoquant le financement par l'impôt. Si les détenteurs de données perçoivent déjà des ressources pour les produire, il ne serait pas juste qu'ils tirent profit de leur revente.

---

45. Ce point sera traité en détail au chapitre 3.

Mais la limite de cette argumentation réside dans le fait que, même pour les agences gouvernementales établies, l'argent public ne constitue pas la seule source de capitaux. Une partie du budget de l'Institut géographique national, par exemple, est constitué de la revente de données à des tiers (majoritairement d'autres acteurs publics).

Élargir le principe de gratuité à l'ensemble des données publiques produites[46], c'est prendre le risque de remettre en cause les modèles économiques de la production.

Les réutilisateurs professionnels, c'est-à-dire ceux qui font déjà commerce des données publiques, (par exemple dans le domaine de l'information juridique) ne s'y trompent d'ailleurs pas : ils ne réclament pas la fin de la tarification. Leur propension à payer résulte de plusieurs causes. La première relève de la qualité de la donnée produite qui, selon eux, pourrait se dégrader si les producteurs de données ne perçoivent plus de rémunération. La seconde raison, moins revendiquée que la première, est que la redevance constitue une barrière à l'entrée pour de nouveaux entrants. Elle réduit la possibilité que des concurrents apparaissent. En d'autres termes, pour les réutilisateurs professionnels déjà établis sur le marché de l'information publique, la gratuité ne s'avère pas être une bonne affaire.

46. La précision sur l'ensemble est d'importance. Aucune démarche open data à ce jour n'a mis en libre accès l'ensemble des données.

c) La privatisation de la donnée publique

L'un des objectifs de la famille libérale de l'open data consiste à ouvrir au secteur privé la possibilité d'exploiter les données détenues par les acteurs publics. Le « monopole » étatique doit céder la place à une situation où les intervenants sont multiples. Le risque de privatisation de la donnée publique est soulevé par d'autres, par exemple dans le domaine des archives d'état civil.

La généalogie constitue une passion française. Près d'un quart des Français déclarent s'y intéresser et plus d'une famille sur deux disposerait déjà de son arbre généalogique[47]. Pendant longtemps, cette activité est restée une affaire de spécialistes qui n'hésitaient pas à parcourir les rayonnages des registres pour découvrir leurs origines, et se regroupaient en associations à but non lucratif.

L'informatisation, la numérisation, et surtout la mise en réseau via internet ont profondément bouleversé le domaine de la généalogie. Des sites web spécialisés ont vu le jour et permettent désormais, via un abonnement, d'accéder à de multiples services qui facilitent le travail des généalogistes. Pendant des années, ils se sont contentés de constituer leurs propres bases de données ou de racheter des collections à des tiers. En France, deux opérateurs privés restent en pointe sur ce marché : le site ancestry.fr (filiale d'un groupe américain) et le français notrefamille.com. L'essor de l'open data a été suivi de près par ces sociétés.

Dans la loi Cada de 1978, les archives départementales, qui gèrent l'état civil, étaient relativement protégées par leur statut assimilé à celui des établissements culturels. En tant

47. Source : *Le Figaro*, 22/10/2008.

que telles, elles pouvaient fixer leurs propres conditions de réutilisation. Notrefamille.com les a sollicités pour obtenir les données de l'état civil. La loi sur les données personnelles (loi Cnil) précise qu'un délai de 75 années s'applique (après la création du registre) avant que ces données à caractère personnel puissent être publiées. De plus, elles ne doivent pas concerner des personnes vivantes.

Jugeant les réponses des archives départementales peu satisfaisantes, la société éditrice de notrefamille.com a engagé des démarches auprès de la Cada et des tribunaux administratifs. Le ministère de la Culture a constitué un groupe de travail sur ce sujet. Les tensions entre l'association des archivistes de France (AAF) et l'éditeur sont apparues assez vives.

L'AAF a par exemple souligné le risque de fichage de la population française. Les données d'état civil, même pour des personnes décédées, restent des informations sensibles, y compris pour les descendants contemporains. Savoir qu'un aïeul était atteint de telle maladie, considérée comme héréditaire, peut constituer un handicap au moment de souscrire un contrat d'assurance. L'opérateur privé s'est pour sa part engagé à « rendre illisibles de manière définitive les données personnelles à caractère religieux et médical figurant dans les cahiers de recensement ».

Chapitre 2

Connaître :
des données et des hommes

Les données ouvertes, quelles sont-elles dans la pratique ? Comment peut-on les réutiliser ? Et les acteurs, tant du côté des détenteurs que des réutilisateurs, qui sont-ils ? S'agit-il d'entreprises ou de citoyens ? Pour répondre à ces questions et comprendre ce que produit concrètement l'open data, ce chapitre s'attachera à présenter un état de l'art.

1- Les données ouvertes

a) Typologie des données ouvertes

Les données ouvertes peuvent être classées selon plusieurs critères :

- Leur thématique principale (démographie, urbanisme, transports, économie, vie démocratique, etc.) ;
- Leur caractère statique ou dynamique (données chaudes ou froides) ;
- Leur degré de complexité (permettant ou non une réutilisation simple) ;
- Leur composante spatiale et/ou temporelle.

Ces éléments de typologie donnent par ailleurs l'occasion d'identifier les réutilisations possibles de ces données.

• Les thématiques

Chaque donnée ouverte appartient à un ou plusieurs champs de l'action publique. Ainsi, concernant les démarches menées par les collectivités territoriales, je propose les neuf thématiques suivantes, avec les exemples correspondants :

- Vie démocratique : les données concernant les bureaux de vote, les résultats électoraux, les budgets et finances publiques, les attributions de marchés publics, les subventions aux associations ;
- Démographie : l'état civil, les prénoms les plus populaires, la population par classe d'âge, les bénéficiaires de prestations sociales (couverture maladie universelle, etc.) ;
- Économie : les créations d'activités économiques, les entreprises enregistrées, les inscriptions des demandeurs d'emploi, les revenus fiscaux ;

- Environnement : les mesures environnementales (qualité de l'air, de l'eau), les parcs et jardins, les inventaires botaniques ;
- Arts, culture et patrimoine : les équipements culturels (musées, bibliothèques, etc.), leur fréquentation et les tarifs, le patrimoine (monuments, collections photographiques), l'histoire du territoire (plans cadastraux) ;
- Urbanisme et habitat : l'occupation de l'espace urbain, les volumes bâtis et non bâtis, les arrêtés d'insalubrité et les projets d'aménagement urbain (zones d'aménagement concerté) ;
- Transports et déplacements : les données concernant tous les modes de transport, collectifs (métro, bus et tramway) et individuels (localisation et taux d'occupation des parcs de stationnement, bornes de recharge pour les véhicules électriques), l'accessibilité aux personnes à mobilité réduite, les modes alternatifs (la marche, le vélo) ;
- Équipements et services d'intérêt public : liste d'équipements et services, localisation et horaires d'ouverture, statistiques de fréquentation, points d'intérêt particulier (toilettes publiques, points d'eau potable, etc.) ;
- Localisation et information géographique : données techniques de type orthophotographies (photos aériennes), nomenclature des voies et des adresses, reliefs naturels, modèles numériques de terrain.

Chaque plateforme open data utilise sa propre catégorisation, ce qui ne facilite pas le travail de comparaison[48].

---

48. Certaines reprennent cependant les catégories proposées par la directive européenne INSPIRE. Ces catégories sont bien adaptées pour décrire des données techniques (géographie, environnement, localisation) mais peu utiles pour les autres thématiques.

• **Données chaudes / données froides**

Le second critère concerne le caractère statique ou dynamique de la donnée. On qualifie de chaudes les données mises à jour en temps réel (ou quasi temps réel), car leur contenu change en permanence, par exemple :

- La disponibilité des stations de vélo en libre-service ;
- Les temps de parcours liés aux prévisions de trafic routier ;
- L'horaire de passage du prochain bus, métro ou tramway ;
- Le temps d'attente au guichet d'un équipement public (musée, bibliothèque, piscine).

Les données chaudes s'avèrent parfois plus complexes à réutiliser que les froides, mais elles présentent souvent davantage de valeur pour les réutilisateurs et les utilisateurs finaux. Ainsi, l'usager d'un service de vélo en libre-service (Bicloo à Nantes, VélôToulouse et Vélo STAR à Rennes, pour ne citer que ceux pour lesquels les données sont ouvertes) pourra, au moment même où il prend un vélo, s'assurer qu'il trouvera une place disponible une fois arrivé à destination.

Les données froides sont statiques, leur mise à jour reste beaucoup moins fréquente – par exemple tous les trimestres pour les noms des rues, ou annuellement pour les prénoms les plus populaires.

Les réutilisateurs peuvent combiner les données froides et chaudes pour construire des services. Elles ne s'opposent pas, mais sont plutôt complémentaires.

• Données simples / données complexes

Le troisième critère concerne la simplicité – ou *a contrario* la difficulté de réutilisation.

La complexité d'une donnée peut être liée à la donnée elle-même, à sa compréhension ou au format de mise à disposition. Une donnée géographique qui concerne, par exemple, les trottoirs surbaissés, se révèle par nature complexe. Elle comporte des coordonnées exprimées en latitude et longitude. La consultation du fichier brut n'a guère d'intérêt, sauf si l'on a recours à un logiciel de cartographie (type Google Earth). Quant aux données budgétaires, elles présentent une difficulté d'un autre ordre. En effet, même s'il n'est pas très compliqué de consulter les budgets de l'État[49] ou d'une collectivité, en revanche, pour pouvoir exploiter efficacement ces données, il faut disposer d'un minimum de connaissances en matière de finances publiques. Parfois, c'est le mode de mise à disposition qui peut constituer un obstacle à un usage généralisé. Ainsi, les données chaudes restent souvent accessibles via des interfaces de programmation (API). Cela permet notamment aux programmeurs d'intégrer ces informations de façon dynamique. Mais l'internaute qui n'est pas développeur ne saura pas comment visualiser rapidement cette information de manière intelligible. Il convient enfin de préciser qu'une API oriente déjà les utilisations possibles, contrairement aux données brutes qui laissent les réutilisateurs les manipuler comme ils l'entendent.

À l'inverse, les données simples se révèlent faciles à comprendre, et ne nécessitent pas d'outils de visualisation dédiés ni de connaissances préalables du sujet. On peut par exemple citer dans ce domaine certaines données statistiques :

49. Le budget 2012 de l'État est publié sur data.gouv.fr.

- Les effectifs inscrits dans un établissement scolaire ;
- Les chiffres annuels de fréquentation des équipements culturels, musées ou bibliothèques ;
- La composition des ménages sur une commune.

• **Composante spatiale et/ou temporelle**

La majorité des données ouvertes possèdent une dimension spatiale, c'est-à-dire qu'elles se rapportent à un territoire ou à un lieu. Cette dimension peut être exprimée de manière générale (au niveau de la commune pour les statistiques INSEE) ou de manière beaucoup plus précise (en longitude et latitude), en particulier pour la localisation des équipements. De même, la dimension temporelle de la donnée est définie avec plus ou moins de précision. Pour les données statiques, on doit faire figurer la fréquence et la date de dernière mise à jour (annuelle, trimestrielle, mensuelle).

Les données chaudes possèdent une dimension temporelle beaucoup plus fine, parfois exprimée en minutes et secondes (pour l'information transport en temps réel). Le degré de précision de ces composantes spatiales et temporelles des données va aussi influer sur le type de réutilisation possible.

b) Les quatre classes de réutilisations

Les données ouvertes donnent lieu à des réutilisations très riches, diverses et variées. Je propose, pour les étudier, de les regrouper en quatre classes principales :

1- « Consultation » : les données sont directement consultées par le grand public, le réutilisateur est l'utilisateur final.

2- « Médiation » : les données brutes donnent lieu à des

visualisations pour un public plus large, le réutilisateur est le médiateur de la donnée.

3- « Application » : les données sont utilisées par les développeurs réutilisateurs pour construire des services et des applications pour les usagers finaux.

4- « Réutilisation spécialisée » : souvent techniques, les données constituent des matières premières (intrants) pour des besoins spécialisés.

- **Consultation**

Les données qui donnent lieu à des consultations directes par le grand public demeurent souvent celles liées à la démographie. Elles sont plutôt « froides » et ne présentent pas de complexité particulière, ni en raison de leur format ni de leur sujet.

Deux exemples de consultation

La ville de Paris a ouvert une plateforme open data, fin 2011, proposant une cinquantaine de jeux de données. L'un des plus populaires concerne les créations d'actes d'état civil.

Le fichier, consultable à partir d'un logiciel tableur type Excel ou Open Office, recense le nombre de naissances, reconnaissances, mariages et décès de 2004 à 2010. On peut par exemple y constater qu'en 2010, le nombre de naissances enregistrées dans les neuf premiers arrondissements se révèle très faible : moins d'une dizaine sur un total de 45 000 naissances pour l'ensemble des 20 arrondissements parisiens).

Le portail gouvernemental data.gouv.fr propose un accès aux statistiques publiées par l'INSEE. On peut ainsi connaître, pour chaque commune de France, l'évolution de la population, les caractéristiques des logements et des emplois, etc. Toutes ces données sont issues des recensements.

• **Médiation**

Les données statistiques (démographie, budgets) ou géographiques donnent lieu à des « médiations » sous forme de visualisations. Ces dernières offrent, à un public plus large, une meilleure appréhension des informations publiées. Il s'agit souvent de données froides.

Dans cet usage de « médiation », l'utilisateur final n'accède pas obligatoirement aux fichiers bruts, mais plutôt à une interface qui lui permet de les manipuler et de les visualiser[50]. Il est important de noter que, dans le cas des visualisations, le « médiateur » est parfois le producteur de la donnée. Dans ce cas, une collectivité peut proposer des outils pour représenter des données directement sur son site web.

Trois exemples de médiation

Le conseil général de Saône-et-Loire offre des outils de visualisation des données ouvertes. Chacun peut ainsi, par exemple, consulter l'évolution des effectifs dans un collège du département de 1994 à 2010 ou encore les travaux de construction engagés dans ces établissements (avec leur montant).

La ville de Paris propose une cartographie des lieux de tournage de films (longs métrages) de 2002 à 2008. Un habitant d'un quartier, ou un cinéphile curieux, peut connaître le lieu et la date de la prise de vue, ainsi que le nom du réalisateur et du film.

Les informations budgétaires du gouvernement britannique (publiées sur data.gov.uk) ont donné lieu à la visualisation interactive « Where does my money go? », qui permet de naviguer à travers les principaux postes de dépenses et d'investissements. Cet outil est une initiative de l'Open Knowledge Foundation, dont l'objectif est de promouvoir l'ouverture dans les champs scientifiques, culturels, publics.

50. L'utilisateur expérimenté ou le développeur d'applications peuvent accéder aux données brutes s'ils le souhaitent.

Dans le domaine de la médiation, il est souvent fait mention du journalisme de données (*datajournalism*). En France, des sites d'information en ligne, tels que *Owni.fr*, se positionnent dans un domaine que les principaux titres de la presse française n'occupent pas. Il est intéressant de souligner que, dans les pays anglo-saxons, certains médias traditionnels comme le *Guardian* ou le *New York Times*, demeurent à la pointe en matière de journalisme de données.

Le journalisme de données vu par le *Guardian*

« 80 % de transpiration, 10 % d'idée géniale, 10 % de résultat final »[51] : voilà la définition du journalisme de données selon Simon Rogers, responsable du Datablog du *Guardian* et l'un des pionniers du domaine. Il souligne ainsi que la majeure partie de son temps est consacrée à travailler sur les jeux de données pour « les faire parler » : les compiler, les modifier, corriger les erreurs ou les manques, repérer des tendances ou des variations importantes... Se livrant volontiers à un exercice de démystification du sujet, il explique que les outils se révèlent accessibles à tous : un tableur (Open Office ou Excel), des services en ligne gratuits (comme Google Refine[52] ou Google Fusion Tables) et surtout un peu de curiosité. « Le *datajournalism* n'est pas la visualisation de données, mais raconter une bonne histoire. Parfois cela passe par une visualisation, parfois par un article, parfois le chiffre brut se suffit à lui-même », poursuit-il. Simon Rogers pose une distinction essentielle : même si le travail graphique reste important, voire parfois essentiel pour représenter des données complexes, là n'est pas la clé du journalisme de données.

---

51. Simon Rogers, *Facts are sacred : the power of data*, Guardian Books, Format Kindle, 2011.
52. Google Refine permet notamment de manipuler des fichiers de données très volumineux.

Le *Guardian* ne se limite pas à de très grandes opérations, comme l'analyse des carnets de guerre (*warlogs*) publiés par WikiLeaks ou celle des notes de frais des parlementaires britanniques. Il propose également des formats courts en fonction de l'actualité, pour réagir ou illustrer un événement couvert par la rédaction du journal. Le Datablog met aussi en ligne toutes les sources de données qu'il utilise, permettant ainsi à chacun de mesurer le travail effectué et, le cas échéant, de suggérer de nouvelles visualisations ou interprétations.

Pourquoi le journalisme de données a-t-il du mal à trouver ses marques dans notre pays ? On évoque une approche culturelle différente du métier, des formations initiales qui laissent peu de place à une culture de la donnée (à la culture scientifique en général), ainsi que la difficulté à parvenir à un équilibre économique.

On évoque parfois une conception française du métier centrée sur le récit et l'investigation (la fonction éditoriale, la « plume ») plutôt que sur une approche exclusivement basée sur les faits, typique de la vision anglo-saxonne[53]. Le Datablog du *Guardian* garde d'ailleurs pour devise une citation qui remonte à 1921 : « Les commentaires sont libres, mais les faits sont sacrés. » La formation initiale des professionnels français commence à peine à prendre en compte ces nouvelles méthodes d'exploration[54]. Enfin, le journalisme de données peine parfois à se libérer de son image de passe-temps réservé à quelques technophiles, plus enclins à maîtriser Excel que Word. Le *datajournalism* demande un croisement de compétences en journalisme, en statistiques et

53. *Cf.* Caroline Goulard, « Data journalisme : pourquoi les médias français ne s'y mettent pas », disponible sur *Owni.fr*.

54. On recense des premières initiatives du côté de Bordeaux ou de l'École supérieure de journalisme de Lille.

en développement informatique. Cette multidisciplinarité – qui ne semble pas le mode de fonctionnement le plus répandu dans un métier où, souvent, le journaliste, même intégré au sein d'une rédaction, travaille seul – engendre des coûts qui se révèlent supérieurs à ceux de la production d'un article[55]. La question économique intervient aussi en amont : le data-journalism reste un champ d'innovation et en tant que tel il nécessite que les médias et en particulier la presse soient en mesure d'investir.

Journalisme de données et visualisation : des ressources pour aller plus loin

Le sujet mérite à lui seul un ouvrage[56]. Pour le lecteur qui souhaiterait en savoir plus, voici une sélection de ressources, en français et en anglais, sur cette nouvelle manière de raconter des histoires.

- data.owni.fr : un accès aux applications, interfaces et visualisations réalisées depuis 2009 par *Owni.fr*. L'équipe datajournalism publie par ailleurs une veille hebdomadaire sur le sujet « Les Data en forme » ;
- data-publica.com : le portail diffuse régulièrement des billets originaux sur le sujet ;
- blog.actuvisu.com : une veille autour du journalisme de données ;
- data-projet.com : des exemples concrets de visualisation réalisés par Jean Abbiateci, un journaliste indépendant.

En langue anglaise, on peut consulter :

- le Datablog du *Guardian* (quardian.co.uk/data), une référence dans le domaine ;
- Flowingdata.com propose, outre une veille sur les visualisations de données, des ressources professionnelles sur le sujet ;
- Le site de David McCandless, informationisbeautiful.net.

55. *Cf.*, à ce propos, l'intervention de Nicolas Kayser-Bril, ancien responsable du pôle data-journalism *d'Owni.fr* à l'occasion de Lift France 2011. Compte-rendu disponible sur *InternetActu*.
56. *Cf.* Alain Joannès, *Data journalism. Bases de données et visualisation de l'information*, CFPJ Éditions, 2010.

• **Applications**

La création d'applications (mobiles ou web) reste la réutilisation la plus visible, encouragée par les concours (sur le modèle de Apps for Democracy à Washington).

Les données utilisées sont souvent chaudes (c'est-à-dire dynamiques) et concernent des questions pratiques (localisation d'équipements, informations transports). Elles possèdent des dimensions spatiales et temporelles précises et sont rarement consultables en l'état (en raison de leur complexité ou du format de leur mise à disposition).

Trois exemples d'applications

• **RennesBus**

L'application RennesBus (disponible sur l'App Store), développée dans le cadre du concours Rennes Métropole en accès libre, propose les horaires de passage du prochain bus à l'arrêt le plus proche de l'utilisateur et l'informe en temps réel sur l'offre de vélos en libre-service.

• **Toilettes publiques**

Deux applications mobiles, Paris Toilettes publiques (pour les smartphones Windows Phone) et Toilettes à Paris (Android) proposent un service identique, basé sur les données ouvertes par la ville de Paris (la localisation des sanisettes).

• **Urbanility**

Urbanility.com propose une autre approche de la ville de Rennes : en tapant une adresse dans le moteur de recherche, on obtient une vision succincte des « points forts » et « points faibles » du quartier. Le critère retenu reste celui de la proximité – existe-t-il un espace de jeux pour les enfants dans un rayon de 250 mètres[57] ?

57. Cette information figure dans le catalogue de données proposé par l'agglomération.

Notons qu'il y a une certaine ironie de l'histoire dans le fait que, pour le public, les applications mobiles représentent la face la plus visible de l'open data. En effet, pour les promoteurs des données ouvertes, et notamment Tim Berners-Lee, elles demeurent l'illustration parfaite d'un univers fermé et fragmenté. Une application doit être conçue pour un système d'exploitation particulier (iOS pour l'iPhone, Android, Windows Phone, etc.) et les boutiques comme l'App Store d'Apple sont soumises à un strict contrôle. On reste loin des objectifs d'ouverture, de standardisation et d'interopérabilité défendus par le mouvement open data.

- **Réutilisation spécialisée**

La dernière classe de réutilisation se révèle la moins visible. Elle concerne des données techniques, par exemple des informations géographiques ou des bases de références, rarement utilisables en l'état, en raison de leur complexité ou de leur format de mise à disposition. Ces données donnent lieu à des réutilisations spécialisées. Elles constituent souvent une matière première (intrants) dans le cadre de travaux ou d'applications plus larges.

Deux exemples de réutilisation spécialisée

La plupart des plateformes open data mettent en ligne un jeu de données concernant la nomenclature des voies et des adresses. La consultation du fichier ne présente que peu d'intérêt pour le grand public, mais il constitue pourtant une source essentielle dès lors que l'on manipule des fichiers d'adresses, par exemple pour des opérations de télémarketing.

WeCook.fr est une jeune start-up parisienne. Elle offre à ses abonnés des menus personnalisés en fonction de leurs goûts et de la composition de leur ménage (avec ou sans enfant par exemple). WeCook utilise des recettes de cuisine en ligne et les analyse notamment à l'aide d'une base de données ouverte. Cette base, mise à disposition par l'administration américaine Food and Drug Administration (FDA), recense les qualités nutritionnelles de plusieurs milliers d'ingrédients.

c) Focus sectoriels

- **Transports et déplacements**

Le thème de la mobilité occupe une place particulière dans le paysage de l'open data. Sa singularité tient notamment au fait que :

- La demande s'avère forte : les jeux de données concernant les transports sont plébiscités par les développeurs ;

- La réutilisation l'est tout autant : la majorité des applications réalisées dans le cadre de concours présentent un rapport avec cette thématique ;

- Les tensions entre les détenteurs de données et les développeurs préexistaient à l'open data, et sont renforcées par ce mouvement ;

- Le cadre institutionnel et juridique du secteur est relativement complexe.

58. Note de l'encadré ci-contre. Source : recensement et analyse des plateformes open data de Paris, Nantes, Rennes, Montpellier, Communauté urbaine de Bordeaux et Grand Toulouse à début 2012. Calcul en nombre de jeux de données.

Les données transports et déplacement : de quoi parle-t-on ?

Les données concernant les transports et les déplacements représentent en moyenne un jeu de données sur cinq, pour les villes et agglomérations ayant lancé une démarche open data à ce jour en France[58]. Dans ce domaine, il est important de comprendre que les données pertinentes ne restent pas uniquement celles produites par l'exploitant du réseau de transport collectif, comme en témoigne la diversité exposée ci-après.

• Voirie : emplacement des principales voies de circulation et sens de circulation, information sur les travaux et perturbations, prévisions de trafic routier en temps réel, panneaux de signalisation, localisation et taux d'occupation des parcs de stationnement publics, tarifications des parkings payants, signalisations et limitations de vitesse, etc.

• Réseau de transport collectif : plans de réseau schématiques, plans de lignes (thermomètres de ligne) et de quartiers (autour des gares, stations et points d'arrêts complexes), coordonnées géographiques des arrêts, des lignes et des points de vente, horaires théoriques, horaires de passage au prochain arrêt (en temps réel), informations sur les perturbations et les incidents, informations sur la tarification, statistiques de fréquentation, etc.

• Modes alternatifs de transport : localisation des cheminements piétons et pistes cyclables aménagées, emplacements sécurisés pour les vélos, stations de vélo en libre-service (emplacement, disponibilité temps réel, statistique d'occupation, etc.), places de stationnement réservées à l'autopartage, stations de recharge pour les véhicules électriques, etc.

• Accessibilité : arrêts de bus, métro et tramway accessibles aux personnes à mobilité réduite, lignes urbaines et suburbaines accessibles, localisation et état de fonctionnement des ascenseurs d'accès au métro, surfaces podotactiles et dispositifs sonores pour les malvoyants, emplacement des trottoirs surbaissés, stationnements réservés, statistiques sur les infractions liées au non-respect des places réservées, etc.

Les données ouvertes révèlent la complexité institutionnelle du secteur[59], et notamment l'organisation des transports, telle que définie par la loi LOTI de 1982 (loi d'orientation sur les transports intérieurs). La loi instaure des autorités organisatrices des transports (AOT) qui ont pour mission d'organiser l'offre de transports publics à chaque niveau territorial :

- Les communes, le plus souvent regroupées en communautés de communes et d'agglomérations, s'occupent des transports urbains ;
- Les départements s'occupent des transports interurbains et le plus souvent des transports scolaires ;
- Les régions restent en charge des transports ferrés sur leur territoire (TER).

Les données pertinentes, tant pour la voirie que pour les transports collectifs, sont donc réparties entre plusieurs échelons de décision au niveau national, régional, départemental et communal. Ainsi, sur les territoires où la démarche open data concerne seulement la ville (ex. Montpellier), l'offre de données transports et déplacements se révèle incomplète[60]. « La conséquence est que l'ouverture décidée au rythme de chaque entité ne sera globale et homogène qu'à long terme », souligne Yann Le Tilly, auteur du blog spécialisé TransID[61].

Le second enjeu juridique concerne la forme d'exploitation du réseau de transport urbain. Certains réseaux sont opérés en régie, d'autres font l'objet d'une délégation de service

59. À titre d'exemple concernant les gares ferroviaires, on trouve sur le portail data.gouv.fr des données ouvertes par Réseau Ferré de France (RFF) et d'autres par la SNCF.

60. Début 2012, seuls trois territoires urbains proposent des données ouvertes concernant leur réseau de transport public, Rennes, Bordeaux et Nantes.

61. Source : http://transid.blogspot.com.

public (DSP) dans le cadre des marchés publics. Fin 2011, Veolia Transdev, Keolis et la RATP demeurent les principaux acteurs dans ce domaine.

Keolis Rennes, l'exploitant du réseau de transport urbain de Rennes Métropole, a été un élément moteur dans la démarche d'ouverture des données dans la capitale bretonne. L'exploitant a proposé son propre catalogue (data.keolis-rennes.com), en lien avec celui de la collectivité et le premier jeu ouvert concerne les stations de vélos en libre-service, une offre opérée par la société.

Données transport : que dit la Cada ?

La Cada a été saisie à plusieurs reprises, en 2010 et 2011, par l'AFIMB (agence française pour l'information multimodale et la billettique, dépendante du ministère de l'Écologie, du Développement durable, des Transports et du Logement) et par des réutilisateurs. La question posée était relative au statut des informations transports et leur réutilisation au regard de la loi de 1978. Il convient donc de distinguer plusieurs types de données :

- Les plans de réseau, qui ne rentrent pas dans le cadre de la loi de 1978, car ils font l'objet d'un travail de création et sont donc à ce titre protégés par le droit de propriété intellectuelle ;
- Les localisations des arrêts et des stations de métro, bus et tramway, font l'objet d'un droit de réutilisation[62] ;
- Les horaires théoriques de passage sont également soumis à un droit de réutilisation.

La Cada n'a pas été amenée à se prononcer directement sur les horaires en temps réel. Il s'agit par exemple des temps d'attente (« prochain passage : 3 minutes ») que l'on trouve dans les principaux réseaux de transport. Ces données se révèlent le résultat

62. La situation actuelle est donc la suivante : toutes les données permettant de reconstruire un plan de réseau sont disponibles, mais le plan diffusé, par exemple dans les stations de métro ou les arrêts de bus, ne constitue pas une donnée réutilisable.

d'un calcul effectué par les systèmes d'aide à l'exploitation et l'information voyageurs (SAEIV) à partir de la position GPS des véhicules, des conditions de trafic et des historiques de circulation. À qui appartiennent ces données : à la collectivité qui finance le système, à l'exploitant du réseau ou à l'industriel qui a mis au point le système informatique ? S'agit-il d'une donnée brute « ouvrable » (la position géographique d'un bus) ou d'une donnée enrichie (le temps d'attente) ?
À travers cette question et bien d'autres interrogations dans le domaine de l'open data lié aux transports, on retrouve un manque de sécurité juridique. Sur ces sujets émergents, la jurisprudence demeure, au mieux, en cours de constitution.

Le dernier enjeu juridique est lié au statut de quelques grands opérateurs de transport, au premier rang desquels la RATP et la SNCF. Ces deux entreprises, en tant qu'établissements publics industriels et commerciaux (EPIC), bénéficient d'un traitement particulier dans le cadre de loi Cada de 1978. Elles peuvent déterminer elles-mêmes les conditions de mise à disposition et de réutilisation de leurs données.

Paris, Londres et l'open data

Dans la capitale britannique, les transports collectifs sont gérés par Transport for London (TFL). Les Trading Funds (dont TFL) sont des structures mises en place pour améliorer la capacité d'autofinancement d'un service public. Autonomes financièrement, elles se révèlent juridiquement proches des EPIC et EPA français[63]. En région parisienne, le syndicat des transports d'Île-de-France (STIF) porte la responsabilité du sujet. Les réseaux sont exploités par plusieurs entreprises, dont la plus connue reste la RATP. *A priori*, les informations transports, tant à Londres qu'à Paris, ne rentrent donc

63. Rapport du service Sciences et Technologies de l'Ambassade de France au Royaume-Uni, mars-avril 2011, www.ambafrance-uk.org.

pas dans le champ de la donnée publique, en raison du statut juridique des établissements. L'approche demeure cependant très différente dans les deux métropoles. Transport for London propose de très nombreux jeux de données, concernant de multiples modes (métro, bus, vélos en libre-service, etc.) et encourage la création d'applications par des tiers (réutilisation gratuite, même pour des usages commerciaux). Le STIF privilégie pour sa part une approche « open service », sur le modèle des API des entreprises du web, plutôt qu'« open data ». Le STIF reçoit deux types de demandes de réutilisation de ses informations :

- Pour des études internes et ponctuelles, par exemple dans le cadre d'un travail de recherche scientifique ou la préparation d'un plan de déplacement d'entreprise ;
- Par des acteurs privés pour mettre en place des services de recherche d'itinéraires, etc.

Il propose alors deux réponses différentes :

- Une licence gratuite pour des informations agrégées et partielles (c'est-à-dire sur un périmètre déterminé), sans mise à jour des données et sans autorisation de republication à des tiers ;
- Une licence d'accès dynamique aux données du STIF, au coût marginal, pour la mise en œuvre d'un service d'information voyageurs.

Cette dernière solution est par exemple mise en œuvre par le site Mappy.com qui intègre désormais les itinéraires de transport en commun. Le choix d'une approche « open service » (et payante) est régulièrement dénoncé par les nouveaux entrants du marché, en particulier les développeurs d'applications mobiles.

La RATP, contrairement à Transilien, une activité de la SNCF, ne propose aucune donnée ouverte. Elle a fait développer une série d'applications et de services mobiles, d'ailleurs de bonne qualité, mais se montre très protectrice des données transport qu'elle gère. JCDecaux qui est l'opérateur du système de vélos en libre-service déployés dans la capitale, Vélib', se révèle assez proche de la RATP depuis qu'il a demandé lui aussi le retrait de certaines applications mobiles.

Force est de constater que les acteurs des transports engagés dans l'open data restent encore peu nombreux en France. Trois autorités organisatrices des transports (Rennes, Nantes, Bordeaux) ont ouvert leurs données, alors qu'aux États-Unis plus de 220 agences (près d'une sur quatre) ont suivi le mouvement.

Comment expliquer cette frilosité ? Certains acteurs estiment que l'open data va à l'encontre de la maîtrise de l'information transport. La crainte du mésusage, que ce soit par des développeurs tiers ou des concurrents, demeure très présente dans les esprits. On évoque aussi le souhait de rester l'interlocuteur unique pour les clients, dans une problématique de renforcement ou de protection de sa marque[64]. Enfin, la position particulière de Google sur ce marché fait l'objet de nombreuses attentions.

Google et les transports

Acteur émergent de l'information transport, la société américaine propose tout d'abord le format de données GTFS (General Transit Feed Specification). Développé dès 2005, en partenariat avec l'autorité organisatrice des transports de Portland aux États-Unis, le GTFS se veut un format simplifié et ouvert pour la diffusion de l'information transport. Google demeure l'un des utilisateurs du format, en particulier pour l'intégration des données transports dans ses applications comme Google Transit (calculateur d'itinéraires) ou le service de cartographie Google Maps.
Il convient de noter que la société passe des contrats avec les autorités qui souhaitent intégrer leurs données dans les services de Google. Il ne s'agit donc pas nécessairement d'une ouverture en

64. Les acteurs du transport ont été marqués par la place prise par de nouveaux intermédiaires dans le secteur aérien, en particulier les sites comparateurs de prix. Les marques ont perdu en partie la relation avec leurs clients et la seule dimension prix s'en est trouvée renforcée.

mode « open data ». Le choix initial (par exemple, GTFS ou le format Trident[65] utilisé en France) ne se révèle pas anodin. Les standards les plus simples (GTFS) favoriseront l'exploration, la médiation et le portage d'applications développées ailleurs sur des formats similaires. Les normes les plus détaillées (Trident, Neptune, etc.) favoriseront la réutilisation par les professionnels et les programmeurs spécialisés[66].

Les tensions entre les détenteurs de données et les réutilisateurs préexistaient au mouvement d'ouverture des données et se trouvent aujourd'hui renforcées. De nombreuses confrontations ont eu lieu[67], tant aux États-Unis qu'en France autour d'utilisations sauvages de données transport. La RATP a récemment demandé le retrait de l'application CheckMyMetro au motif que cette dernière utilisait un plan de métro sans autorisation. Cette application mobile propose par ailleurs un service d'alertes contrôleurs alimenté par les usagers. Bien évidemment, ce type de fonctionnalités, de nature à encourager la fraude, est très mal vu par les exploitants de réseaux de transports.

Comme on l'a vu précédemment, l'opérateur du Vélib', JCDecaux, a lui aussi réclamé et obtenu le retrait d'applications mobiles utilisant ses données. Ironie du sort, l'application Rennes en Roue Libre, l'une des toutes premières

65. Le projet européen Trident a pour objectif de définir des mécanismes standards d'échanges de données multimodales (bus, tram, métro, fer et route) entre opérateurs de transport et fournisseurs de services. La norme Trident s'adresse aux AO, opérateurs, fournisseurs de services.

66. « Les partisans de l'open service font valoir qu'il peut concilier la simplicité d'utilisation par des développeurs et la rigueur de la modélisation du système de transport en masquant la complexité métier », souligne Yann Le Tilly, auteur du blog TransID : http://transid.blogspot.com.

67. Lire, par exemple, le récit de la confrontation entre un développeur et un opérateur ferroviaire en Australie en 2009 : *cf.* Yann Le Tilly, « Le transporteur, l'élu... et le hacker ! », disponible sur le blog TransID.

réalisées à partir des données ouvertes, avait été initialement proposée à Paris par son développeur. Il s'était heurté à la mauvaise volonté de JCDecaux en matière d'open data.

La nouveauté apportée par le mouvement open data réside dans le fait que ces confrontations font maintenant l'objet d'une médiatisation accrue et que la tension exercée sur les acteurs est plus importante qu'auparavant. Il faut noter qu'en règle générale les développeurs finissent par obtenir gain de cause à plus ou moins long terme[68].

CityGoRound :
encourager l'ouverture des données transports

Le portail CityGoRound.org recense les applications développées à partir des données ouvertes aux États-Unis. On y trouve une liste de toutes les autorités des transports du pays, mettant en avant celles qui se sont engagées dans le mouvement open data. Un formulaire en ligne permet d'interpeller nominativement les décideurs afin qu'ils libèrent leurs données.

Enfin, l'information transport représente un enjeu économique, pour les acteurs du secteur, mais aussi pour des activités tierces. Les agences immobilières peuvent réutiliser ces informations pour communiquer sur l'accessibilité en transport en commun des biens dont elles assurent la commercialisation. Des entreprises de géomarketing peuvent intégrer ces éléments dans les études, pour aider à positionner un nouveau point de vente ou un équipement public par exemple.

68. C'est par exemple le cas de Transport for London au Royaume-Uni ou d'autres opérateurs aux États-Unis.

Au final, l'open data est avant tout affaire de volontarisme pour les opérateurs de transports. Ils peuvent poursuivre plusieurs objectifs :

- Inciter les usagers à utiliser les modes collectifs (métro, bus, tramway) ou alternatifs plutôt que leur véhicule individuel ;
- Renforcer les usages pour ceux qui se révèlent déjà usagers de ces modes ;
- Gérer les phénomènes d'interaction et rétroaction (boucle de *feedback*) qui peuvent avoir une influence importante sur les comportements ;
- Accélérer l'innovation sur des domaines connexes à l'activité de base, et ceci en maîtrisant les coûts ; etc.

Une application mobile qui propose, par exemple, l'état des parcs de stationnement relais (où l'on peut garer son véhicule pour rejoindre le réseau de transport en commun), le calcul d'itinéraires et l'information temps réel sur le trafic, semble de nature à inciter les usagers à privilégier les modes de déplacements collectifs. Une autre application qui permet d'enregistrer ses stations de bus favorites (à proximité du domicile, du lieu de travail ou d'études) et donne en moins de 10 secondes une information sur le prochain passage du bus, s'adresse davantage à ceux qui utilisent déjà le réseau de transport. Elle tend à renforcer les usages.

Les deux premiers effets (incitation ou renforcement) se combinent, mais ils peuvent correspondre à des problématiques différentes pour l'autorité organisatrice des transports et son exploitant. La mesure à mettre en place reste spécifique à chaque objectif poursuivi (report modal, fréquence d'utilisation).

D'autre part, les phénomènes d'interaction et de rétroaction se révèlent très présents dans les transports. La signalisation routière tire déjà parti de cet effet *feedback*, par exemple en n'indiquant pas systématiquement le trajet le plus court (en temps ou en distance), mais plutôt celui qui permet de gérer le plus efficacement le trafic et les risques de congestion. Fournir une information sur la fréquentation d'une ligne de métro peut inciter les voyageurs à en emprunter une autre, par exemple dans le cas des itinéraires déjà saturés aux heures de pointe comme la ligne 13 à Paris.

L'open data peut-il encourager la marche ?

La marche semble être l'objet d'un intérêt renouvelé dans le cadre des politiques de transport et d'aménagement urbain. On met en avant ses bénéfices environnementaux et de santé pour ceux qui la pratiquent, en combinaison avec des modes de transports collectifs ou seule. Plusieurs dispositifs d'information sont mis en place pour permettre une meilleure pratique de la marche en milieu urbain : la signalisation des cheminements piétons aménagés, l'expression du temps de parcours en minutes, etc. Londres propose même des plans de marche (Legible London) pour promouvoir les déplacements non motorisés. Quant au site américain Walkscore, il s'attache à déterminer une note de « marchabilité » pour les principales villes du pays. Ainsi, certains quartiers se révèlent plus « marchables » que d'autres, car ils offrent plusieurs services de proximité. Depuis 2010, le site propose également le Transit Score, mesure de l'accessibilité en transports en commun. La note est calculée à partir des données ouvertes par les autorités locales.

Le piéton disposant d'un téléphone mobile intelligent et connecté (smartphone) possède déjà dans sa poche un terminal d'aide à la mobilité intégrant le GPS, des capteurs, une connectivité permanente. Il existe à ce jour peu d'applications dédiées à la marche urbaine, hormis les calculs d'itinéraires piétons proposés par

Google. On peut imaginer une application conçue spécifiquement pour ce mode et qui utilise plusieurs sources d'information, dont certaines ouvertes :
- Le temps de parcours jusqu'à destination ;
- Les prévisions météo localisées pour les 30 prochaines minutes ;
- Un indicateur du niveau de pollution sonore ou atmosphérique constaté sur le trajet ;
- La présence de tel ou tel commerce ou point d'intérêt signalé par les usagers (par exemple les terrasses de café) ;
- La possibilité d'identifier d'autres marcheurs empruntant le même parcours et souhaitant partager ce moment.

- **Arts, culture et patrimoine**

Le domaine culturel demeure le parent pauvre des démarches open data en France. Les initiatives territoriales proposent peu de jeu de données en rapport avec le thème « arts, culture et patrimoine », à quelques exceptions près :

- La liste des ouvrages et statistiques de prêt dans les bibliothèques (Paris) ;
- Celle des monuments historiques et la programmation des zones artistiques temporaires (Montpellier) ;
- Celle des équipements culturels (Grand Toulouse, Nantes), ainsi que les statistiques de fréquentation (Nantes).

Les données culturelles détenues par les archives, les bibliothèques ou les musées forment pourtant un ensemble beaucoup plus large. On peut par exemple y recenser[69] :

- Des bases de données, par exemple bibliographiques ;
- Des métadonnées associées à des œuvres ;

69. *Cf.* Camille Pène, compte-rendu de la conférence de l'Atelier français, « Open data : l'exception culturelle ? », sur www.atelier-francais.org.

- Des statistiques de fréquentation de lieux culturels ;
- Des données de programmation, d'un lieu ou d'une manifestation ;
- Des registres généalogiques.

Il convient de préciser qu'un certain nombre de contenus (textes numérisés, sons et images) relèvent davantage des documents que de la donnée à proprement parler. Ils n'entrent donc pas directement dans le champ de l'open data.

Le décalage entre le corpus disponible et la réalité des données culturelles ouvertes peut étonner, car comme le souligne Charles Népote, responsable du programme « Open data » de la Fing, « le monde de la culture a une longue tradition d'indexation et de catalogage de ses données. Les musées, par exemple, ont constitué d'immenses catalogues de données dont la consultation est possible parfois en ligne, souvent sur place. [...] Plus encore, les institutions culturelles ont produit depuis de longues années des outils et standards qui facilitent l'échange de données entre elles (formats de bibliothéconomie, outils de catalogage, de transmission et d'agrégation, etc.) »[70].

Cette « exception culturelle » peut en partie s'expliquer par le cadre juridique de la loi de 1978. En effet, elle exclut de son champ d'application les établissements culturels. Ils restent libres de poser leurs propres conditions pour la réutilisation de leurs données. L'autre limite identifiée tient au mode de financement de ces institutions, souvent lié à des critères de fréquentation. Rendre accessibles à distance les données concernant les œuvres demeure perçu, aux yeux de certains acteurs, comme une alternative à la visite du lieu.

70. Source : CitéLabo, réseau social de la Fing, avril 2011.

D'autres exemples illustrent, au contraire, la capacité de l'ouverture des données à renforcer l'attractivité des collections. Ainsi à Toulouse, Wikimédia France a passé un accord avec le Muséum d'histoire naturelle de la ville pour valoriser les fonds. Des bénévoles de l'association ont réalisé des photographies en très haute résolution de certaines collections du musée. Ces clichés ont ensuite été mis à disposition sur le site Wikimedia Commons, ce qui leur assure une plus large diffusion au niveau international.

La question de la redevance en cas de réutilisation commerciale revêt une importance particulière dans le champ culturel. Le coût de numérisation des documents reste élevé et les acteurs privés qui souhaitent réutiliser le fruit de ce travail, par exemple pour des services d'impression de livres à la demande (*print-on-demand*), sont invités à en supporter une partie.

La Bibliothèque nationale de France a développé la base Gallica qui recense 1,5 million d'objets, 15 millions de notices bibliographiques et des dizaines de milliers d'archives et manuscrits numérisés et accessibles en ligne. Pour faciliter l'accès à ce contenu, la BnF a lancé, en 2011, le portail data.bnf.fr qui propose des fiches par auteur et par ouvrage, permettant ainsi à chacun d'identifier les ressources et de localiser les documents. On parle alors de métadonnées.

Les données concernant le patrimoine restent disponibles à plusieurs échelons (commune, département, État). Dans le cadre du portail data.gouv.fr, le gouvernement a, par exemple, publié la liste et la localisation des monuments historiques. L'enjeu apparaît tout autant patrimonial que touristique.

Faciliter la découverte des monuments historiques

La société Antidot a conçu une interface en ligne pour accéder aux données concernant les bâtiments et monuments historiques[71]. L'application propose de découvrir de manière sommaire près de 44 000 d'entre eux. Elle combine plusieurs sources, d'origines diverses :
- La liste des immeubles protégés au titre des Monuments historiques (disponible sur le portail data.gouv.fr) ;
- Celle des gares de voyageurs (également disponible sur data.gouv.fr) ;
- Celle des stations de métro parisien, avec leurs coordonnées (fournie par OpenStreetMap)
- Les photos des monuments historiques (disponible sur Wikimedia Commons) ; etc.

Parmi ces informations, certaines font partie des jeux ouverts par l'État, d'autres représentent le fruit d'initiatives collaboratives. L'application permet de repérer les monuments historiques et de consulter une fiche descriptive incluant des photographies.

Plusieurs initiatives, en France comme à l'étranger, se concentrent sur les données liées aux manifestations artistiques. Dans le cadre de Marseille-Provence 2013, capitale européenne de la culture, la programmation des 400 à 600 événements, des informations pratiques sur les lieux et les personnes ont vocation à être mises en ligne. Le développement d'applications utiles pour les visiteurs, dans des délais très courts, sera facilité par cette initiative.

La ville d'Édimbourg, en Écosse, accueille un grand nombre de manifestations culturelles, dont le Fringe, festival artistique le plus réputé et le plus grand au monde, qui

71. *Cf.* « Découvrez les monuments historiques grâce à l'Open Data », 19 décembre 2011, sur blog.antidot.net.

se déroule chaque année au mois d'août en marge du festival international. La structure qui coordonne les efforts de communication des principaux événements de ce festival s'est dotée d'un laboratoire, le Edinburgh Festivals Innovation Lab, pour tester de nouvelles idées dans le champ du numérique.

Edinburgh Festivals Innovation Lab

Le Edinburgh Festivals Innovation Lab (festivalslab.com) a mené plusieurs projets dans le domaine de l'open data :
- La mise à disposition des données des sept principaux festivals d'été sous la forme d'une API ;
- L'organisation d'un atelier dédié aux réutilisateurs, le Culture Hack Scotland qui a réuni pendant 24 heures une cinquantaine de développeurs et d'artistes ;
- La promotion de jeux de données ouvertes concernant la culture (dont ceux du *Guardian*, de la BBC, etc.).

Une trentaine de projets ont été créés à partir de ces informations, des applications mobiles, mais aussi des jeux en ligne, des représentations artistiques. Un accompagnement technique et financier est proposé aux meilleurs projets, pour en permettre la finalisation. Le Festivalslab applique aussi d'autres principes de l'innovation ouverte : un concours d'idées a été lancé afin d'améliorer l'expérience des festivaliers, des artistes et des organisateurs. Plus de 300 suggestions ont été postées sur un site dédié et les 30 meilleures ont été récompensées par le jury et le public.

La démarche menée par Édimbourg est en passe d'être reproduite à l'ensemble du Royaume-Uni, l'open data étant considéré comme l'un des leviers d'innovation numérique pour le secteur culturel dans le pays.

- **Vie démocratique**

Le renforcement démocratique demeure l'un des objectifs affichés par le mouvement open data. En France, cet objectif se traduit par la publication de plusieurs types d'informations liées notamment :

- Aux élections : emplacement et liste des bureaux de vote, résultats détaillés par bureau ;
- Aux finances locales et nationales : publication des budgets, détails des dépenses et des subventions (notamment aux associations) ;
- Aux services publics et à leur performance : fréquentation des équipements publics, évolution des effectifs inscrits dans les crèches, les écoles, les universités, taux de réussite aux examens, etc.

L'objectif affiché se heurte jusqu'ici à une limite majeure : la médiation nécessaire à la réutilisation des données et l'absence de la plupart des « médiateurs » traditionnels sur le sujet de l'open data. La plupart des données liées à la vie démocratique restent rarement réutilisables en l'état, non pas tant en raison du format de leur mise à disposition que de la nécessaire compréhension de leur contexte.

La médiation peut prendre la forme de visualisation, comme la visualisation du budget britannique par le site « Where does my money go ? ». L'initiative du conseil général de Saône-et-Loire se positionne dans cette optique de démocratisation de l'accès aux données. Le site Opendata.71.fr propose des outils de comparaison et de représentation d'un grand nombre d'informations.

De quel bord est votre quartier ?

L'agence Mounir et Simon a réalisé une cartographie[72] à partir des résultats électoraux des élections régionales de 2010 à Paris. Les bureaux de vote sont colorés en fonction de la majorité qui s'en dégage : en rouge pour les partis de gauche ou en bleu pour ceux de droite. La carte, réalisée en quelques heures à l'aide des données libérées par la ville de Paris montre la répartition géographique des votes. L'est parisien vote à gauche et l'ouest à droite. Les deux blocs est-ouest sont très homogènes et rares sont les bureaux de vote qui font exception.

À ce jour, le nécessaire travail de médiation, d'analyse et de mise en perspective des données n'est toujours pas pris en compte par les acteurs traditionnels que sont les associations, les représentants de la société civile et les journalistes. Ces protagonistes demeurent jusqu'ici partiellement absents du débat (et de l'action) autour de l'ouverture des données publiques[73].

Où habitez-vous vraiment ?

L'application en ligne « Où habitez-vous vraiment ? » vise à mettre en relation la perception qu'ont les citoyens de leur territoire (ville et département) avec la réalité fournie par les données publiques. Elle montre au citoyen l'intérêt d'ouvrir les données : améliorer la connaissance de son territoire est une première étape, qui peut par exemple aider à choisir son lieu de résidence ou à s'engager dans la vie locale[74]. L'internaute est invité à répondre à 16 questions à propos de la perception qu'il a de son territoire (l'ensoleillement, les cambriolages, le taux de pauvreté, les logements vacants, le nombre de chambres d'hôtel, de médecins généralistes, la richesse

72. *Cf.* http://mounirsimon.com/dequelbord.

73. *Cf. supra,* la médiation et le rôle du journalisme de données.

74. Présentation de l'application en ligne sur http://app.owni.fr/ou-habitez-vous-vraiment.

et l'âge moyen des habitants, l'éducation, le chômage, les pratiques sportives, etc.) par rapport à la moyenne nationale. À l'issue du test en ligne, l'utilisateur peut voir sur quels thèmes son ressenti se révèle le plus juste. « Où habitez-vous vraiment ? » est un projet développé par le laboratoire de sciences humaines et sociales d'Orange Labs, *Owni.fr*, avec le soutien de EverydataLab et de la Fing.

2- Des hommes (et des femmes) : les acteurs

L'open data ne reste pas qu'une affaire de données. Les acteurs – et leur implication – jouent un rôle majeur dans le succès ou l'échec des démarches d'ouverture. Il y a bien sûr des stratégies au niveau de chaque organisation, plus ou moins volontariste sur le sujet, comme les exemples précédents, issus de la culture ou des transports, le montrent. L'impulsion donnée par un élu, ou un responsable d'une institution publique ou privée, se révèle indispensable, mais pas suffisante.

On distingue trois rôles dans le jeu de l'open data :

- Les détenteurs de données : il s'agit souvent (mais pas exclusivement) d'acteurs publics disposant d'informations qu'ils souhaitent mettre à disposition ;
- Les réutilisateurs, en particulier ceux de rang 1 : ils utilisent les informations pour proposer des applications, des médiations (visualisations) ou pour leurs besoins spécifiques ;
- Les utilisateurs finaux : ils consultent les données, les visualisent, accèdent aux applications conçues par les réutilisateurs.

Les rôles ne sont pas toujours aussi clairement attribués. Ainsi, certains détenteurs proposent eux-mêmes des visualisations pour permettre à l'utilisateur final d'y accéder et de les manipuler, par exemple, dans le cas du portail du conseil général de la Saône-et-Loire. Dans ce cas, détenteur et réutilisateur ne font qu'un.

Certains réutilisateurs de rang 1 peuvent également être des utilisateurs finaux, en particulier dans le cadre de réutilisation spécialisée. Ils développent des outils ou des analyses dont ils demeurent les seuls destinataires et qu'ils ne partagent pas avec des tiers.

Enfin, il est courant que les acteurs publics détenteurs de données soient eux-mêmes des réutilisateurs. Il faut se souvenir par exemple que les premiers clients de l'IGN sont d'autres acteurs publics. Un fonctionnaire territorial peut accéder, via le portail open data, à des informations de sa propre administration.

On constate que la dynamique entre les fonctions de chacun s'avère plus complexe et riche que leur intitulé ne le laisserait penser. De plus, on peut noter que l'ouverture des données publiques se prête particulièrement à la révolution des rôles – le fait que chaque individu possède plusieurs identités, professionnelles et personnelles, qui se combinent. La communauté de cartographie collaborative OpenStreetMap (OSM) est ainsi en partie composée de bénévoles qui se révèlent parfois par ailleurs des agents des services d'information géographique de collectivités ou de l'État. Un détenteur de données peut parfois avoir été sensibilisé aux problématiques de l'open data dans le cadre de ses activités bénévoles et associatives.

Le sujet des profils et des motivations de chaque catégorie d'acteurs est relativement mal documenté en France, sans doute en raison de la relative jeunesse des initiatives. Des enquêtes, menées au Royaume-Uni et aux États-Unis[75] commencent à fournir des premiers éléments de réponse. Notre propre observation des participants aux démarches entreprises en France donne aussi des pistes de compréhension. En effet, il est indispensable de saisir les motivations des acteurs, leur diversité et leurs interactions, pour assurer le succès d'une démarche d'ouverture des données.

a) Les détenteurs de données

Considérer les acteurs publics, même pris individuellement, comme des ensembles homogènes vis-à-vis de la question de l'ouverture des données serait une erreur. Au sein d'une collectivité par exemple, chaque service détenteur possède une approche du sujet qui lui reste propre. Je propose plusieurs critères pour analyser et comprendre les situations de chacun, notamment :

- Le degré d'utilisation des données brutes dans la pratique ;
- La position vis-à-vis du numérique, notamment par le biais de confrontations précédentes à l'open data ;
- L'habitude de partage des données avec des partenaires et des tiers extérieurs à leur administration.

75. Pour le Royaume-Uni, *cf.* le blog Practical Participation de Tim Davies, et pour les États-Unis, *cf.* la plateforme sociale publique Socrata.com.

Les services en charge de l'information géographique (service SIG) se révèlent des grands utilisateurs de données brutes : relevés topographiques, orthophotographies, modèles numériques de terrain, etc. La numérisation est une réalité, qui s'est traduite notamment par une réduction de coûts de production et de partage des données. Nombre de services SIG étaient déjà engagés dans une démarche de mise à disposition des informations géographiques, bien avant les initiatives open data.

Dernier élément, la diffusion fait également partie des missions attribuées à ces services. Le mouvement d'ouverture des données représente donc, pour l'information géographique, une prolongation des tendances déjà présentes, à la question près de la gratuité (et celle-ci ne demeure pas négligeable).

Le domaine des transports ne semble pas à proprement parler un très grand utilisateur de données brutes, du moins pour les autorités organisatrices[76]. Ces dernières gèrent davantage des indicateurs composites, souvent réalisées par les exploitants à l'aide des données brutes : kilométrage parcouru, suivi des incidents et des incivilités, suivi de la consommation en carburant, respect de la ponctualité, etc. Le rôle de diffusion auprès des tiers se concentre souvent sur les informations commerciales : plans et horaires des lignes, alertes et incidents. Les échanges les plus réguliers et les plus nourris ont lieu dans le cadre du dialogue entre l'autorité organisatrice et son exploitant. En dehors de cette relation privilégiée, le partage de données brutes avec des tiers est très limité.

76. *Cf. infra*, l'analyse sectorielle détaillée concernant les transports et la mobilité.

Le secteur culturel reste, pour sa part, un grand utilisateur de métadonnées liées à des contenus. Les acteurs des musées, bibliothèques et autres institutions ont été profondément marqués par la capacité du numérique à bouleverser, et parfois détruire, les modèles économiques de certaines industries – du livre au disque en passant par le cinéma, la liste des domaines impactés par le numérique semble sans fin. La dématérialisation demeure souvent perçue comme source d'incertitudes et de risques plutôt que comme une opportunité. Peut-on expliquer ainsi la prudence de ces acteurs sur le sujet de l'open data, alors qu'ils sont eux-mêmes de grands producteurs de données et que la diffusion fait partie de leurs missions premières ?

b) Les réutilisateurs

Qui sont les réutilisateurs des données ouvertes ? Quels sont leurs motivations et leurs objectifs pour agir ?

Pour visualiser ou télécharger des fichiers, il n'est pas toujours nécessaire de s'inscrire préalablement sur une plateforme open data. Cette facilité d'accès et cette non-discrimination restent d'ailleurs l'un des intérêts de l'ouverture. Par conséquent, on ne sait pas qui accède à ces informations et qu'est-ce qu'ils en font – sauf dans le cas particulier des concours ou pour le développement d'applications. Les usages « consultation » et, *a fortiori*, ceux de « réutilisation spécialisée » (pour reprendre la typologie proposée ci-dessus) demeurent largement ignorés, car moins directement identifiables.

Fin 2011, le seul concours open data achevé en France a été lancé par Rennes Métropole et ses partenaires, dont Keolis Rennes. Sur les quarante-trois services et applications mobiles qui ont été évalués, deux tiers ont été proposés par des participants individuels, et non des entreprises. Des entretiens avec les contributeurs les plus actifs ont permis de confirmer les grandes typologies établies au Royaume-Uni et aux États-Unis.

Les motivations des réutilisateurs couvrent le spectre politique et économique de l'open data, avec deux extrêmes :

- Une vision purement économique, le dirigeant de start-up voyant dans l'open data une opportunité de développer un nouveau service ou produit ;
- Une approche exclusivement politique, le militant de type « hacker citoyen » qui entend changer la conduite des affaires publiques par l'ouverture des données publiques[77].

La plupart des réutilisateurs ne se situent pas dans ces deux approches extrêmes, mais plutôt dans une combinaison de motivations économiques, politiques, techniques et culturelles. Certains souhaitent proposer avant tout des services utiles au quotidien, d'autres sont intéressés par le défi technique que représente la réutilisation des données ou cherchent à résoudre un problème spécifique. On peut aussi noter qu'un certain nombre d'entre eux participent à un projet sur le territoire où ils résident. Ils revendiquent parfois cette proximité comme raison à leur implication. Parmi les réutilisateurs, on retrouve des développeurs qui partagent les valeurs du logiciel libre. Certains vont par exemple rediffuser les codes sources de leurs applications.

77. *Cf.*, à ce sujet, l'analyse de Valérie Peugeot, dans l'édition 2012 des *Entretiens du nouveau monde industriel*, à paraître chez FYP Éditions, 2012.

Ils ne sont pourtant pas les seuls à s'impliquer car, parmi les réutilisateurs, on trouve aussi des programmeurs plus éloignés de cette philosophie. Il est essentiel de comprendre que les motivations économiques, même si elles peuvent être présentes, ne constituent que rarement l'unique objectif des réutilisateurs. La récompense de l'effort ne passe pas seulement par la rémunération directement tirée du service développé. Elle passe aussi par la reconnaissance par les pairs, l'institution ou le public (par exemple dans le cadre d'un concours). *In fine*, l'adoption par le public reste l'objectif premier.

D'ailleurs l'enquête menée par Socrata en 2011 aux États-Unis auprès de développeurs d'applications citoyennes confirme cela : 43 % souhaitent réaliser des applications qui impactent la vie quotidienne des utilisateurs, et moins de 3 % se déclarent stimulés par le fait que leur activité puisse se révéler un jour profitable.

On doit cependant traiter de manière distincte les « mouvements citoyens » qui impulsent parfois des initiatives open data sur leur territoire, par exemple l'association LiberTIC à Nantes. Leur rôle s'avère essentiel dans la mesure où ils mènent un travail de sensibilisation des acteurs politiques, culturels, économiques et sociaux. Ils peuvent faire pression sur les décideurs locaux. Leur implication dans la mise en œuvre concrète des démarches dépend aussi de leur position vis-à-vis des acteurs publics (défiance ou coproduction, voire « piratage bienveillant »[78]) et de leur capacité d'organisation.

78. Pour reprendre le terme de Stéphane Vincent, directeur de la 27e Région.

c) Les utilisateurs finaux

Distinguons deux catégories parmi les utilisateurs finaux : ceux qui consultent des données, au besoin via des médiations proposées par les détenteurs ou les réutilisateurs ; et ceux qui utilisent des services et applications réalisés par des tiers.

Dans le premier cas (dit de « consultation »), l'utilisateur final semble plus enclin à percevoir le bénéfice direct de l'open data. L'étude de Socrata montre d'ailleurs que les intérêts des programmeurs et des utilisateurs finaux ne demeurent pas toujours alignés, en particulier sur le type de données jugées les plus utiles et le mode d'accès privilégié. Les développeurs plébiscitent, par exemple, l'information « transports et déplacements », alors que celle-ci ne figure pas parmi les priorités des utilisateurs lambda. De même, ces derniers privilégient un accès aux données via des outils de visualisation, de cartographie, des résumés et mises en forme alors même que les développeurs souhaitent des données brutes (par exemple au format CSV).

Le cas des utilisateurs d'« applications » s'avère plus complexe. Dans quelle mesure sont-ils conscients de l'apport de l'open data dans le service qui leur est rendu ? Pour nombre d'entre eux, cela reste une notion obscure. Ils valorisent la disponibilité de l'application (par exemple le fait qu'elle soit disponible en plusieurs versions pour iPhone, Android et autres), éventuellement la diversité de l'offre (avoir le choix entre plusieurs solutions), mais plus rarement la démarche d'ouverture des données qui en a permis l'émergence.

« Our apps are whiz-kid certified »
ou comment parler de l'open data au grand public.

L'opérateur public du réseau de transport de l'État de New York (MTA), a lancé une campagne de communication pour les applications et services mobiles développés dans le cadre de son programme open data. Plutôt que d'utiliser le terme « open data », la campagne d'affichage « Our apps are whiz-kid certified » dans le métro mettait en avant la participation de programmeurs tiers avec un message énigmatique : « Plutôt que de développer nous-mêmes nos applications, nous avons confié nos données à des petits génies [...] pour voir de quoi nous parlons, tapez "New York Transit apps" dans votre moteur de recherche préféré. »

3- Revue des initiatives en France

L'implantation de l'open data en France reste relativement récente. Depuis 2010, plusieurs collectivités, des institutions culturelles, l'État (data.gouv.fr) ou des entreprises ont initié des démarches d'ouverture des données plus ou moins abouties. Chaque mois de nouvelles initiatives sont annoncées.

La plupart des collectivités déjà engagées dans la mise en place de leur propre plateforme sont gérées par des majorités de gauche. Les rares collectivités gérées par des majorités de droite engagées dans l'open data sont pour la plupart hébergées et recensées sur le portail gouvernemental data.gouv.fr, par exemple les villes de Longjumeau[79], de Coulommiers ou de Saint-Quentin.

79. La maire de Longjumeau, Nathalie Kosciusko-Morizet est par ailleurs vice-présidente de l'UMP et porte-parole de Nicolas Sarkozy pour l'élection présidentielle de 2012.

Il convient cependant de relativiser un peu le clivage politique apparent. Ainsi, parmi les 11 premières villes de France, huit sont gérées par des majorités de gauche. Parmi celles qui ne sont pas (encore) lancées dans le mouvement open data à fin 2011, on trouve aussi bien des collectivités dirigées par la gauche (Lyon, Strasbourg, Lille) que par la droite (Nice et Marseille[80]). Par ailleurs, d'un point de vue géographique, on note que les métropoles de l'arc atlantique sont beaucoup plus avancées sur le sujet que celles du Sud-Est ou du Nord-Est de la France.

Un outil de référence :
la carte publiée par LiberTIC

L'association LiberTIC publie une carte collaborative de l'open data en France. Ce plan, mis à jour régulièrement, recense les initiatives françaises des acteurs publics selon leur état d'avancement : y figurent les collectivités ayant déjà ouvert leurs données et celles dont la démarche est en cours. Par ailleurs, LiberTIC mentionne les villes où des mouvements citoyens en faveur de l'open data restent actifs.

La version 4 de la « Carte de France des initiatives d'ouverture de données publiques » énumère ainsi les collectivités ayant ouvert leurs données. On y trouve Rennes, Paris, Montpellier, la communauté urbaine de Bordeaux, Nantes, Grand Toulouse, Longjumeau, Coulommiers et Saint-Quentin, pour ce qui concerne les villes et agglomérations ; les conseils généraux de Saône-et-Loire, Gironde et Loir-et-Cher et la région aquitaine, sans oublier le portail gouvernemental data.gouv.fr. Les initiatives en cours de finalisation sont celles de Brest, du Havre, de La Rochelle ainsi que les conseils généraux de Loire-Atlantique, de Maine-et-Loire et la région Provence-Alpes-Côtes d'Azur.

80. On parle bien ici des conseils municipaux. Certaines communautés d'agglomérations sont présidées par un élu de gauche alors que le maire de la ville principale est issue de la droite (exemple : Bordeaux).

a) Une très grande diversité de pratiques

Une étude des différentes initiatives permet de mesurer la très grande diversité des pratiques et le manque d'homogénéité des démarches au niveau national. Elles diffèrent notamment par :

- Le volume de données ouvertes ;
- Les thématiques principales ;
- Les types de réutilisation mis en avant (consultation, médiation-visualisation, application) ;
- Les choix en matière de formats techniques et de licences juridiques ;
- Les actions d'animation.

Le tableau[81] ci-contre présente les thématiques dominantes, présentes et absentes (ou peu représentées) dans les initiatives des principales villes et agglomérations. Chaque territoire utilisant sa propre catégorisation, on reprend les neuf thématiques présentées en début de ce chapitre afin de faciliter les comparaisons.

81. Note méthodologique : l'analyse porte sur les jeux de données ouvertes à fin 2011. Nous nous sommes intéressés à la part de chaque thématique dans le volume global des jeux. Pour Rennes, nous n'avons retenu que les données ouvertes par la collectivité. En y intégrant les données de Keolis Rennes, la thématique déplacements et transports s'en trouve logiquement renforcée.

Thématiques	Paris	Rennes	Nantes	Montpellier	Grand Toulouse	Communauté urbaine de Bordeaux
Démographie	Gris clair	Blanc	Gris foncé	Gris clair	Blanc	Blanc
Arts, culture et patrimoine	Gris clair	Blanc	Gris clair	Gris clair	Gris clair	Blanc
Transports et déplacements	Gris foncé	Gris foncé	Gris foncé	Gris foncé	Gris foncé	Gris foncé
Vie démocratique	Gris clair	Gris foncé	Blanc	Blanc	Gris clair	Blanc
Équipements et services	Gris clair	Gris foncé	Gris foncé	Gris clair	Gris foncé	Gris clair
Environnement	Gris clair	Gris clair	Gris foncé	Gris foncé	Gris clair	Gris clair
Urbanisme et habitat	Gris foncé	Gris clair	Gris clair	Gris clair	Gris foncé	Gris foncé
Localisation et info géographiques	Gris clair	Gris foncé	Gris clair	Gris clair	Gris clair	Gris foncé
Économie	Blanc	Blanc	Gris clair	Gris foncé	Blanc	Blanc

Légende du tableau ci-dessus :
Gris foncé = thématiques dominantes.
Gris clair = thématiques présentes.
Blanc = thématiques absentes ou peu représentées.

Le tableau confirme la place particulière occupée par la thématique transports et déplacements ; elle reste la seule dominante pour les six plateformes analysées. À l'inverse, on peut noter que les thématiques économiques, de vie démocratique ou de démographie demeurent peu ou pas représentées dans un grand nombre de villes et d'agglomérations ayant ouvert leurs données.

Le nombre de jeux de données :
un indicateur à manier avec prudence

On trouve parfois sur les plateformes une information sur le nombre de jeux de données mise à disposition. Il s'agit d'ailleurs de l'un des éléments les plus souvent cités par les médias au lancement d'une nouvelle initiative, locale ou nationale (comme la plateforme data.gouv.fr). Cet indicateur est à prendre avec précaution, tant il dépend des choix opérés par l'organisation qui ouvre les données.
Face au même jeu de données – par exemple la liste des prénoms populaires – on peut faire le choix de fournir un seul jeu de données qui couvre les dix dernières années ou à l'inverse proposer un fichier par année. Ainsi, avec la même source de données, on peut comptabiliser un ou dix jeux de données. La problématique reste identique avec des jeux qui couvrent plusieurs zones géographiques. On peut proposer un jeu de données global au niveau national ou en proposer plusieurs au niveau régional, départemental voire par commune. L'enjeu est ici d'offrir la plus grande granularité possible, tout en n'induisant pas en erreur sur le nombre de jeux de données ouvertes.

Il est rare de trouver des informations disponibles sur plusieurs territoires. Si les thématiques sont parfois identiques (exemple des vélos en libre-service), les modes de mise à disposition (les API, les licences juridiques) demeurent souvent différents d'une ville à l'autre. Cette absence d'homogénéité dans les choix et les pratiques est également liée à la genèse de la plupart de ces projets. Ils ont émergé sur des territoires différents, avec des équipes projets issues de différents métiers (l'informatique, la communication, l'innovation, etc.) et un tissu local de réutilisateurs propre à chaque région.

L'émergence et l'adoption progressive de standards communs, tant techniques que juridiques, doivent aussi permettre aux réutilisateurs (y compris les grands acteurs de l'information en ligne) la possibilité de dupliquer plus facilement leurs services d'une zone à l'autre[82].

Datalocale : une autre piste de mutualisation ?

Le portail mutualisé Opendata locale (datalocale.fr), proposé par le conseil général de la Gironde et la région aquitaine, est aussi une réponse à l'hétérogénéité des pratiques et à la complexité administrative (attribution des responsabilités à chaque échelon).

b) Les critères de qualification

Au fur et à mesure que le mouvement open data se développe en France, il devient intéressant de se donner les moyens de mesurer l'engagement réel de chaque acteur qui ouvre ses données[83].

Il n'y a pas de critère unique pour évaluer la qualité de cet investissement. L'échelle de notation sur cinq étoiles, proposée par Tim Berners-Lee[84] se concentre sur des critères techniques et juridiques, et valorise la mise en place de données liées (*linked data*).

Outre une analyse des jeux et de leur thématique, on peut également chercher à mesurer :

82. C'est la condition pour obtenir des économies d'échelle.

83. L'expérience britannique, rapportée par le site OpenlyLocal.com montre ainsi que certaines collectivités ont ouvert un unique jeu de données pour figurer dans le classement des territoires ouverts à l'open data.

84. *Cf.* le chapitre 1 de cet ouvrage « La définition des données ouvertes ».

- La qualité de la démarche : les formats techniques et les licences, la documentation, la présence d'un fichier de métadonnées, la présence d'une API ;
- L'engagement et sa durabilité : la fréquence de publication de nouveaux jeux de données, la mise à jour de ceux existants, l'ensemble des dispositifs d'animation mis en place, l'implication de la collectivité sur les forums de développeurs, la prise en compte des demandes de réutilisateurs[85].

c) Pourquoi un open data des territoires ?

L'open data à la française a une autre spécificité : les collectivités territoriales, et plus particulièrement les grandes villes et agglomérations, ont initié le mouvement et restent à la pointe dans le domaine de l'ouverture des données publiques.

Comment expliquer cette émergence d'un open data des territoires ? Il faut sans doute y voir un effet des lois de décentralisation et du rôle pris par les collectivités ces trente dernières années. Un grand nombre des services publics (les transports, les crèches et écoles, la gestion des déchets, etc.) sont gérés à cet échelon territorial. Les villes et agglomérations se révèlent, pour nombre d'entre elles, déjà être dans une logique de services aux habitants et, dans une certaine mesure, d'évaluation de leurs politiques.

Les données des collectivités concernent directement la vie quotidienne. Il est donc somme toute assez logique que ces mêmes informations, une fois ouvertes, génèrent les réutilisations les plus concrètes pour les habitants.

85. L'association LiberTIC a annoncé, début 2012, la publication de nouveaux indicateurs pour répondre à cet objectif de mesure.

Il convient enfin de noter, pour compléter cette revue des initiatives en France, que les collectivités et l'État ne sont pas les seuls à s'engager. Des entreprises (comme la SNCF), des associations et institutions culturelles (Bibliothèque nationale de France, Marseille Provence 2013) ont déjà initié ou annoncé des démarches similaires.

4- Facteurs de succès et d'échec

Les facteurs de succès et d'échec des démarches open data sont étroitement liés à la spécificité de ces projets. L'ouverture des données nécessite une approche transdisciplinaire ; elle traite de questions techniques, mais aussi juridiques et de communication (au sein et hors de l'organisation). Une telle démarche présente des enjeux tant internes (dans l'implication des services) qu'externes (dans l'animation d'un écosystème de réutilisateurs).

L'open data reste un projet informatique d'un genre particulier. Généralement, l'implication des usagers se révèle être un facteur de succès. Or, dans ce cas précis, il s'agit d'une cible (les réutilisateurs) mal identifiée en amont de la démarche d'ouverture et rarement en mesure de définir ses besoins. Par ailleurs, certains projets peuvent se dérouler dans un contexte de pression publique, par exemple du fait de mouvements citoyens auto-organisés sur un territoire.

L'open data demande également de revoir les méthodes de conception, car il relève davantage d'une approche d'innovation ouverte que de démarches classiques : « faire avec » plutôt que « faire pour » la coproduction. Le changement demandé est d'ordre culturel et constitue souvent l'un des freins les plus importants. Modifier son point de vue sur le rôle de son organisation, accepter que l'innovation puisse parfois voir le jour hors des murs de sa collectivité ou de son entreprise reste un préalable pour des démarches durables. Une démarche d'innovation ouverte c'est aussi « lâcher prise, accepter de ne pas connaître les résultats à l'avance et d'être surpris »[86].

Le lâcher-prise, le contrôle et la responsabilité

Lâcher prise n'est pas le réflexe premier des collectivités et des administrations. La perte de contrôle (« comment s'assurer que les réutilisations ne vont pas me porter préjudice ? ») est l'un des premiers risques mis en avant pour ne pas ouvrir ses données. On y retrouve la préoccupation – légitime – de ne pas être tenu pour responsable d'un usage qu'on ne maîtrise pas.

Ouvrir ses données ne veut en aucun cas dire qu'on en perd le contrôle. *A contrario*, celui qui n'ouvre pas ses données se voit confronté à des réutilisations sauvages hors de tout cadre (notamment juridique). L'organisation qui ouvre ses données passe d'un mode de contrôle *a priori* à un mode de modération *a posteriori*. On peut tout à fait promouvoir des usages en cohérence avec les objectifs, par exemple par le choix des jeux de données, par des démarches de type concours ou mise en visibilité.

Définir des objectifs ne doit pas non plus être une raison pour ne pas agir : le pragmatisme nécessaire est souligné par de nombreuses organisations qui accompagnent des institutions dans leurs démarches, la Fondation internet nouvelle génération ou l'Open Knowledge Foundation par exemple.

86. *Cf.* « Guide pratique de l'ouverture des données publiques territoriales », Fing, disponible en ligne sur fing.org.

Le succès d'une initiative open data repose sur le triptyque suivant :

- Une stratégie d'ouverture et des objectifs ;
- Des données en phase avec les ambitions affichées ;
- Des acteurs impliqués dans la mise à disposition et la réutilisation.

• *Une stratégie et des objectifs*. Faute de préciser les enjeux et les objectifs poursuivis, il reste difficile de prioriser les jeux de données à ouvrir, d'animer la démarche et de mesurer les résultats obtenus.

• *Mettre en cohérence les moyens et les ambitions*. Le manque d'adéquation entre l'offre de données et les objectifs poursuivis engendre rapidement une déception quant à la pertinence des applications, visualisations ou services conçus par des tiers.

• *Impliquer les acteurs*. L'animation de la démarche reste souvent le principal facteur de réussite ou d'échec des initiatives. Offrir l'accès aux données demeure une condition nécessaire, mais en aucun cas suffisante pour créer une dynamique. L'infrastructure sociale semble tout aussi importante que l'infrastructure technique[87], en particulier au niveau territorial.

Le chapitre suivant propose une démarche et des outils pour mener concrètement un projet d'ouverture des données publiques.

87. Pour reprendre les termes de Tim Davies cité par Hubert Guillaud dans *InternetActu*.

Chapitre 3

Agir :
l'open data par la pratique

Comment ouvrir les données ? Quelles sont les étapes pour mettre en place et animer une démarche open data ? Comment mesurer les résultats obtenus ? Pour répondre à ces questions, ce troisième chapitre propose des pistes d'action, pour les détenteurs et les réutilisateurs.

1- Stratégie et enjeux : les premiers choix

Cette étape se révèle celle des premiers choix, concernant trois questions : pourquoi ouvrir (les enjeux), avec qui (les acteurs et les communautés mobilisables), comment (en particulier sur la question des licences et de la tarification) ?

a) Les enjeux et la formulation de la stratégie : pourquoi ouvrir ?

Au-delà de l'obligation légale, reconnue par le droit français, de mettre à disposition les données publiques, il n'est pas toujours facile de définir des objectifs clairs au lancement de la démarche. Les champs de l'open data sont assez larges, de l'innovation économique au renforcement démocratique. On peut se lancer dans l'open data parce que c'est la tendance du moment, ou en réponse à une initiative d'un autre territoire ou d'un concurrent ; il est d'ailleurs intéressant d'observer les exemples de ses pairs pour comprendre les résultats obtenus et s'en inspirer.

Il n'est pas interdit cependant de penser une démarche dans le cadre de ses propres objectifs, par exemple pour :

- La promotion de modes de déplacements alternatifs au véhicule individuel ;
- La dynamisation d'un écosystème d'acteurs locaux ;
- La conception de services pour faciliter l'accessibilité des personnes à mobilité réduite ;
- Le soutien à un secteur particulier, par exemple celui de la culture ;

- La sensibilisation d'une partie de la population à telle ou telle question publique, par exemple les pratiques alimentaires des jeunes ; etc.

Les exemples cités ici peuvent paraître anecdotiques. Ils correspondent pourtant à des cas réels en Europe et aux États-Unis[88]. Un objectif de transparence, même s'il semble moins précis, peut aussi guider le projet, à l'instar de celui mené par le conseil général de Saône-et-Loire.

Une entreprise peut pour sa part souhaiter ouvrir ses données pour identifier et promouvoir de nouvelles idées ; rendre des comptes sur son action afin d'atténuer les critiques sur sa performance ou son fonctionnement ; ou encore pour faire réaliser par des tiers des missions qu'elle ne souhaite pas ou ne peut réaliser en interne.

Fixer des objectifs permet aussi de reconnaître les classes de réutilisation que l'on va chercher à favoriser comme la consultation, la médiation, les applications ou la réutilisation spécialisée. La compréhension des enjeux passe par des actions de sensibilisation auprès des acteurs internes de l'organisation, afin notamment de :

- Préciser le contour de l'ouverture des données publiques et dédramatiser les enjeux (pas de données personnelles, pas d'informations mettant en jeu la sécurité) ;
- Formaliser le cadre juridique existant et les questions à traiter (choix des licences, du modèle de mise à disposition) ;
- Montrer des retours d'expériences avec les résultats obtenus ;

---

88. Les trois premiers exemples sont issus du concours Rennes Métropole en accès libre, le quatrième de la démarche du Edinburgh Festivals Innovation Lab et le dernier de la Food and Drug Administration (FDA) aux États-Unis.

- Recueillir au plus tôt les inquiétudes et les objections qu'il faudra traiter (par exemple sur la qualité des données) ;
- Identifier des individus qui souhaiteront s'impliquer dans le projet d'ouverture, des relais au sein de chaque service ; etc.

Cette étape peut comporter un état des lieux et des pratiques en matière de partage et de diffusion de l'information :
- Quelles données sont aujourd'hui diffusées ?
- Sur quels supports (papier, en ligne, en téléchargement, sur CD-ROM) ?
- Sous quelles modalités : via des licences ou des redevances, gratuitement ?
- Qui sont les interlocuteurs externes actuels, ceux qui utilisent aujourd'hui l'information diffusée ?

L'intérêt de ce recensement s'avère double. Il permet d'une part de commencer à lister les données disponibles et leurs thématiques. Il peut aussi servir à sortir d'un débat stérile entre deux approches extrêmes : ne rien ouvrir ou à l'inverse tout ouvrir. Aucune organisation, aucun acteur public ou privé ne mettent à disposition l'intégralité de ses données. Rares sont ceux qui à l'opposé ne diffusent rien, même sous format papier. L'objectif d'une démarche open data reste de changer de perspective et de considérer que, par défaut, une donnée publique doit être ouverte sauf exception. C'est souvent la règle inverse (la fermeture et le repli sur soi) qui prévaut.

b) Les acteurs : avec qui ?

Le principe fondateur (et l'enjeu premier) des projets d'innovation ouverte est de travailler avec des acteurs externes, et en premier lieu avec ceux qui vont réutiliser les données ouvertes. Qui sont ces réutilisateurs potentiels ? Comment les identifier ? Comment amorcer un dialogue constructif ?

Pour un territoire, le repérage passe d'abord par la mobilisation des relais. Les acteurs institutionnels (technopôles, Chambre de commerce) peuvent y aider, mais il faut impérativement élargir l'approche à d'autres interlocuteurs, tels qu'aux associations, aux institutions culturelles, aux communautés techniques, ou encore aux médias locaux, etc.

La mobilisation peut aussi avoir été commencée bien avant la démarche officielle, par notamment des initiatives citoyennes. Les habitants qui se réunissent pour demander l'ouverture des données peuvent constituer des alliés précieux, voire un acteur à part entière du projet.

La communauté Open Data Toulouse

Inspirée par LiberTIC à Nantes, la communauté informelle Open Data Toulouse a envoyé, en avril 2011, une lettre ouverte au président de l'agglomération toulousaine pour l'encourager à suivre la voie d'autres collectivités engagées dans l'open data. Leur message a reçu le soutien de près de 280 signataires, et le portail open data du Grand Toulouse fut ouvert en octobre 2011.

Dans ce repérage, on veille aussi à ne pas identifier uniquement des développeurs d'applications ou de services – à moins que l'on ne fasse le choix de ne promouvoir que ce type de réutilisation. Des associations, des journalistes ou des designers qui souhaitent réaliser des médiations et des visualisations demeurent tout aussi pertinents.

L'initiation du dialogue avec les réutilisateurs repérés n'est pas toujours simple, même avec des individus de bonne volonté. Il faut bien sûr les interroger sur les informations dont ils aimeraient disposer et les usages potentiels ; il faut cependant garder à l'esprit un certain nombre de limites. La première concerne la connaissance par les réutilisateurs des données disponibles. On ne peut pas, par exemple, demander à chacun de connaître les subtilités du découpage administratif français. D'où l'intérêt de préciser, même de manière sommaire, les résultats du recensement effectué en interne. La seconde est liée aux difficultés de compréhension de ce qui constitue une donnée ouverte. Certaines requêtes concernent des données à caractère personnel ou des données privées. D'autres ne rentrent pas dans le champ de la donnée publique tel qu'il est défini par la loi Cada de 1978. On peut, au final, avoir intérêt à mener en externe le même travail de sensibilisation aux enjeux et au contenu de l'open data que l'on a mené dans l'organisation. Cela pose les bases d'un dialogue plus constructif avec les acteurs rencontrés.

L'équilibre est à rechercher entre deux approches, il faut rester pragmatique et ne pas retarder l'ouverture d'un premier jeu de données pour ensuite affiner la démarche en fonction des retours[89], tout en clarifiant les objectifs du projet, tant en interne qu'en externe.

89. Le vocable anglais « release early, release often » traduit cette approche popularisée par Eric Raymond, (co-créateur du terme open source) dans son essai *The Cathedral and The Bazaar* , traduit par Sébastien Blondeel et disponible sur www.linux-france.org.

Promouvoir l'accessibilité des transports

Prenons un exemple concret pour illustrer le lien entre les objectifs et les données pertinentes à ouvrir. La thématique de l'accessibilité des transports fait partie des catégories identifiées par Rennes Métropole dans le cadre du concours de développement d'applications et de services. La collectivité et l'exploitant Keolis Rennes ont recensé dans les données qu'ils gèrent celles en rapport avec le thème, par exemple :

- Les stations de bus et de métros accessibles ;
- L'état de fonctionnement des ascenseurs pour les stations du métro ;
- Les emplacements des trottoirs surbaissés, des surfaces podotactiles, des signalisations sonores.

Ces données, issues de plusieurs systèmes d'information différents (certains étant gérés par la ville, d'autres par l'exploitant du réseau), restent cohérentes avec l'objectif poursuivi et la réutilisation sous forme d'applications et de services.

L'équipe-projet devra aussi gérer un ensemble de freins et d'oppositions à l'open data dans cette première phase, malgré le travail de sensibilisation et de clarification préalable. Préparer des fiches de traitement de ces objections permet d'y répondre de manière cohérente, constante et argumentée. Une telle fiche est composée des expressions recensées de l'objection, d'une proposition de réponse et d'exemples pour appuyer l'argumentation. Elle se conclut par une reformulation. La construction et la mise à jour régulière de ces fiches peuvent être réalisées par l'ensemble de l'équipe-projet. Partager les argumentations permet d'améliorer progressivement la qualité des réponses apportées.

Traiter les objections et les oppositions : l'exemple de la qualité des données

• Expressions de l'objection :
« Mes données ne sont pas de bonne qualité. » ; « Mes données ne sont pas complètes. » ; « Je vais avoir des ennuis, car mes données ne sont pas très fiables. »

• Traitement :
- Se concentrer sur la qualité perçue par les réutilisateurs : « Peut-être que, mêmes incomplètes / d'une qualité inégale vos données peuvent être utiles pour certains développeurs. »
- L'ouverture permet aussi d'améliorer la qualité des données, les réutilisateurs peuvent y contribuer (*crowdsourcing*).

• Exemple à l'appui :
Le ministère des transports britannique a mis en ligne la base NaPTAN (National Public Transport Access Node) qui recense tous les points d'arrêts des systèmes de transport. Chaque station de trains, de bus, les aéroports, les terminaux de ferrys possèdent un identifiant unique qui est utilisé par de multiples systèmes d'informations.

Cette base liste alors pour les bus 360 000 arrêts dont plus de 18 000 comportent une erreur, notamment de localisation. Des outils ont été mis en place (à partir d'OpenStreetMap) permettant aux réutilisateurs d'identifier ces erreurs et de proposer des corrections à la base NaPTAN.

• Reformulation :
« Quel est le taux d'erreurs que vous estimez sur ce jeu de données ? »

c) Les licences et la tarification : comment ?

Les premiers choix, outre la formulation de la stratégie et la détermination des premiers jeux de données, concernent deux points essentiels : le choix d'une licence juridique et le choix du modèle de tarification ou de gratuité.

La licence fixe le cadre juridique qui s'applique aux données ouvertes. Elle définit en particulier les droits et les devoirs des réutilisateurs, mais aussi des détenteurs. Le choix d'une licence se révèle un acte politique fort. Il donne une orientation à la démarche et fixe les règles à appliquer, en particulier sur les points suivants :

- Les droits d'utilisation et de modification de la donnée ;
- Les droits de réutilisation commerciale et non commerciale ;
- Les obligations : l'attribution (mention de la source des données et de la date de dernière mise à jour), le partage à l'identique.

Fin 2011, les deux licences les plus utilisées en France pour les portails open data sont la licence ouverte proposée par Etalab[90] et la licence ODbL[91]. Certaines collectivités utilisent des licences proposées par l'APIE (Agence du patrimoine immatériel de l'état), souvent à titre transitoire.

La plupart des licences s'accordent *a minima* sur l'obligation d'attribution. Les réutilisateurs doivent impérativement mentionner la source des données qu'ils utilisent dans leur service ou leur application. La date de dernière mise à jour des données peut aussi être précisée.

90. *Cf.* la page d'accueil « Qui sommes-nous ? » sur www.etalab.gouv.fr.
91. *Cf.* résumé de la licence « Open Database License 1.0 » sur www.vvlibri.org/fr.

Concernant le caractère commercial ou non commercial de la réutilisation, on a vu (*cf. supra*) que cette distinction n'apparaissait plus dans la loi Cada modifiée en 2005. La majorité des licences mentionnées ici (ODbL, licence ouverte, APIE V2) n'interdisent pas la réutilisation commerciale[92].

Le droit de modification des données est accordé dans le cas d'ODbL et de la licence ouverte Etalab. Cela reste un élément important pour certains usages qui nécessitent de nombreuses mises à jour, l'exemple de la cartographie collaborative OpenStreetMap étant le plus souvent cité.

Qui utilise quelle licence ?

La licence ODbL a été retenue par les initiatives de Nantes, Paris, Grand Toulouse et du conseil général d'Aquitaine. Le site open data du Parti socialiste utilise lui aussi cette licence.

La licence ouverte d'Etalab est utilisée bien évidemment pour les informations mises à disposition sur le portail gouvernemental data.gouv.fr, mais aussi par les villes de Montpellier, Longjumeau, Coulommiers et le conseil général du Loir-et-Cher (ces trois dernières collectivités étant d'ailleurs hébergées sur le portail national).

La licence APIE V2 est utilisée par Rennes Métropole et le conseil général de Saône-et-Loire.

L'obligation de partage à l'identique distingue les deux licences qui semblent faire consensus en France. ODbL impose aux réutilisateurs cette obligation, si vous utilisez publiquement une version adaptée de cette base de données, ou que vous produisez une création à partir d'une base de données adaptée, vous devez aussi offrir cette base de don-

92. Seule la licence Creative Commons « nc » prévoit explicitement une telle interdiction. Les licences Creative Commons sont davantage adaptées aux documents et œuvres qu'aux données. Leur utilisation n'est donc pas recommandée dans ce cadre.

nées adaptée selon les termes de la licence ODbL. L'avantage de la licence ODbL est d'inciter la création d'un cercle vertueux[93] de la réutilisation et de la participation. La licence ouverte Etalab n'inclut pas cette obligation de partage à l'identique. Cette licence semble clairement d'inspiration libérale, elle reste d'ailleurs jugée plus favorable à la création d'une dynamique économique. Elle présente en outre l'avantage d'être compatible avec plusieurs licences mises en œuvre à l'étranger, notamment celles du gouvernement britannique (Open Government Licence) ainsi que les autres standards internationaux (ODC-BY, CC-BY 2.0).

Au final, choisir une licence donne un sens politique à l'open data et encourage la création de dynamiques (participative et économique) différentes.

Résister à l'envie d'une licence « sur mesure »

Il faut impérativement résister à l'envie de créer une licence « sur mesure ». Cette tentation reste souvent forte, pour tenir compte d'un contexte particulier, pour se donner une impression de meilleur contrôle et de maîtrise, voire parfois pour faire preuve d'inventivité et d'originalité. Le degré d'adhésion aux principes de l'innovation ouverte se mesure aussi sur cette question juridique. L'interopérabilité des licences se révèle un enjeu fort pour les développeurs. Si chaque collectivité ou organisation détermine sa propre licence de mise à disposition des données, la capacité à porter le même service sur plusieurs territoires est plus réduite. Or bien souvent l'atteinte d'économies d'échelle est la condition de survie de ces services. Un dernier argument en faveur du choix d'une licence préexistante est leur bonne connaissance par les communautés de réutilisateurs. Une licence *ad hoc* donne souvent lieu à des relectures et des interprétations. On peut avantageusement s'éviter ce type de débats parfois très techniques.

93. On parle parfois d'effet « boule de neige » à propos de l'obligation de partage à l'identique.

La question du mode de tarification et de la gratuité a été longuement abordée au chapitre 2 de cet ouvrage. La gratuité de mise à disposition des données est devenue le standard, de fait, et l'on a intérêt à s'y tenir pour les données ouvertes dans ce cadre. Il ne s'agit pas d'ouvrir gratuitement l'intégralité des données publiques, mais plutôt de réaliser une analyse objective entre les recettes générées aujourd'hui et les potentiels de réutilisation. L'organisation peut faire le choix de garder en mode payant certaines données qui génèrent un revenu important et/ou qui appartiennent au champ concurrentiel (certaines bases de données topographiques de précision par exemple), mais alors il ne faut pas les proposer sur les portails open data.

2- Ouvrir les données

La phase de lancement s'avère très importante et symbolique. Du choix des jeux de données ouverts et du mode de mise à disposition dépend la création des premières dynamiques de réutilisation.

a) Le choix des premiers jeux de données

À l'issue de la première phase, on peut commencer à identifier les premiers jeux de données, susceptibles d'être ouverts, en fonction :

- Des objectifs poursuivis et des thématiques prioritaires ;
- Des attentes exprimées par les réutilisateurs ;
- De la disponibilité de telle ou telle information plus immédiatement publiable.

La liste est créée en concertation avec les services concernés. On veille notamment à la cohérence des jeux de données entre eux et à leur maintenabilité. En effet, les fichiers doivent être mis à jour régulièrement, il ne s'agit pas de délivrer des informations pour l'année en cours puis de ne plus rien diffuser ensuite. L'engagement des producteurs doit être clarifié sur ce point.

Il y a plusieurs approches possibles concernant les tout premiers jeux de données, et chacune présente ses propres avantages et limites. J'en distingue trois principales :

1- Une approche thématique et sélective : commencer par un jeu de données limité, mais immédiatement réutilisable ;

2- Une approche diversifiée : proposer deux ou trois dizaines de jeux de données sur plusieurs thématiques ;

3- Une approche massive : offrir dès l'ouverture un grand nombre de jeux de données.

- **L'approche thématique et sélective**

Elle est notamment illustrée par la démarche de Keolis Rennes qui a mis à disposition un premier jeu de données concernant les vélos en libre-service (emplacement des stations, disponibilité temps réel, possibilité de paiement par carte bancaire). Ce jeu possède plusieurs qualités. Relativement simple à comprendre, incluant des données localisées et temps réel, il est immédiatement réutilisable pour la création d'applications mobiles utiles. En quelques semaines, le développement de tels services a permis de démontrer concrètement les bénéfices de l'open data, tout en maîtrisant les inquiétudes éventuelles. La collectivité et l'exploitant du réseau ont dans un second temps largement étoffé l'offre de données ouvertes, mais le premier pas s'est révélé important pour convaincre.

• **Une approche diversifiée.**

Elle est mise en œuvre par exemple à Paris, Nantes, Montpellier, Bordeaux ou Toulouse. Le catalogue compte à son lancement entre une dizaine et une quarantaine de données sur des thématiques variées telles que la culture, les transports, la vie quotidienne, etc. Cette diversité concerne aussi le type même des données. Certaines sont immédiatement consultables par les internautes (liste des prénoms populaires), d'autres donnent lieu à des médiations (carte des lieux de tournage de films à Paris). Les données ne visent pas uniquement un public de développeurs.

• **Une approche massive.**

Certains acteurs, par exemple l'État avec le portail data.gouv.fr ou le conseil général de Saône-et-Loire ont fait le choix de proposer dès l'ouverture un très grand nombre de jeux de données. Le travail de préparation en amont est d'autant plus important, notamment pour convaincre les différents services détenteurs. L'implication politique doit être forte dès le départ du projet.

b) La mise à disposition et les portails open data

Comment mettre à disposition des réutilisateurs les données ouvertes ? Sous quels formats ? Avec quels outils ?

• **Formats techniques et documentation des données**

La question des formats de données fait l'objet d'une abondante littérature. Avec les licences juridiques et la tarification, elles constituent les trois principaux thèmes de discussion – et de critiques – des initiatives open data.

Il y a lieu de privilégier les formats numériques les plus ouverts possible. Le PDF est bien évidemment à proscrire formellement. La démarche devrait être de proposer en priorité un format ouvert (CSV, XML), ou à défaut, des formats dits standards de fait (XLS).

De manière générale, il ne faut pas que les formats retenus limitent les possibilités de réutilisation. Ainsi, on fait le choix de multiplier les formats de mise à disposition plutôt que de se restreindre à un seul format.

Formats ouverts ou standards de fait ?

L'utilisation de formats non ouverts demeure la critique la plus récurrente à propos des initiatives open data, en France et à l'étranger. Ainsi l'association Regards Citoyens déplorait au lancement du portail data.gouv.fr l'usage des formats Excel de Microsoft au lieu de formats CSV et XML qui sont véritablement ouverts. Une critique identique a été formulée au lancement du portail « Nantes ouvertures des données » (data.nantes.fr/).

La question reste délicate. Elle touche aux fondements mêmes de l'open data, dans sa proximité et sa cohérence avec le mouvement open source (*cf.* chapitre 1). Utiliser des formats propriétaires est antinomique à la démarche même d'ouverture.

Faut-il accepter des formats propriétaires standards de fait, c'est-à-dire des formats non ouverts, mais largement répandus ?

Le pragmatisme devrait inciter à tolérer ces formats en second choix. Certains réutilisateurs (en particulier le grand public) ne sont pas toujours familiarisés avec les fichiers CSV et préfèrent le format Excel.

L'exportation d'un fichier Excel au format CSV peut être effectuée par les détenteurs de données au moment de leur mise en ligne. En proposant les deux solutions, on évite ainsi les critiques les plus fréquentes (et prévisibles) sur le sujet.

Les formats utilisés dépendent aussi du type de données publiées. Le portail « Nantes ouvertures des données » détaille une liste de critères pour le choix des formats, notamment pour leur ouverture et la prise en compte du Référentiel général d'interopérabilité (RGI)[94], initié par la direction générale de la modernisation de l'État. Nantes propose ainsi une liste de formats selon le type d'informations publiées (données tabulaires, données complexes, images, données géographiques...).

Les données doivent en outre être documentées afin d'en permettre la meilleure réutilisation possible. Cela concerne leur contenu, leur format ainsi que leurs moyens et conditions d'accès.

La documentation du contenu de la donnée lui-même est parfois négligée, car elle semble évidente pour les détenteurs. Il faut décrire le plus clairement possible ce que contient le jeu de données, en n'hésitant pas si nécessaire à y faire figurer des liens vers des ressources complémentaires. Pour celles dont la compréhension reste complexe (les données budgétaires), c'est un moyen efficace d'encourager la réutilisation. La documentation doit concerner tant la sémantique (que représente chaque champ du fichier ?) que la syntaxe utilisée (le format retenu pour les dates est-il jj/mm/aa ou mm/jj/aa ? par exemple). Pour les données techniques, de type géographique, on détaille aussi les référentiels utilisés (ex. Lambert, WGS84) et le niveau de précision.

Les détenteurs ont par ailleurs intérêt à maintenir et à proposer en ligne un métafichier qui recense tous les éléments publiés et qui inclut notamment :

---

94. Le RGI est « un cadre de recommandations référençant des normes et standards qui favorisent l'interopérabilité au sein des systèmes d'information de l'administration », *cf.* http://references.modernisation.gouv.fr.

- Le nom et le contenu des jeux des données ;
- Le nom du propriétaire et du diffuseur ;
- Le périmètre géographique concerné ;
- Les formats de mise à disposition ;
- La date de publication et de dernière mise à jour ;
- La fréquence de mise à jour ;
- Les licences applicables ;
- L'adresse URL des données ou de leur description.

Ces éléments concernant les jeux de données s'avèrent importants. Ils permettent à un réutilisateur potentiel de découvrir tous les fichiers disponibles et facilitent la réalisation de services, d'applications ou de visualisations qui couvrent plusieurs territoires.

Plus généralement, on aura intérêt, comme pour les questions juridiques, à s'appuyer sur les standards existants et à ne pas chercher à réécrire soi-même son propre format de documentation ou de description des données.

Les bonnes sources sur le sujet

Pour aller plus loin, le lecteur pourra consulter :
- Le *Guide pratique de l'ouverture des données* préparé par la Fing.
- L'*open data manual* (en langue anglaise) développé par l'Open Knowledge Foundation[95] ;
- La description du format RDF qui permet de décrire de façon standard des jeux de données et de faciliter l'interopérabilité[96] ;
- Le référentiel Opquast qui liste 72 bonnes pratiques Open Data[97].

95. *Cf.* http://opendatahandbook.org.
96. *Cf.* www.w3.org/rdf.
97. *Cf.* https://checklists.opquast.com/opendata.

- **La mise à disposition : téléchargement ou API ?**

Il existe plusieurs manières de mettre à disposition des données ouvertes. La mise en ligne est préférable aux supports hors ligne (CD-ROM ou DVD) hormis dans des cas exceptionnels, notamment pour des fichiers très volumineux. Cette publication des données peut se faire sous la forme de téléchargement et/ou d'une interface de programmation (API). Les fichiers peuvent être hébergés sur le site web de l'organisation qui ouvre les données. L'usage est de proposer un sous-domaine du type data.nomdedomaine.com qui fournit un accès au répertoire des informations. À noter que les organisations qui disposent de moyens plus limités peuvent faire héberger ces fichiers sur des sites tiers. Ce point sera détaillé ultérieurement. Le téléchargement offre alors accès à l'intégralité des données brutes. Certains fichiers restent directement réutilisables à partir d'outils informatiques largement diffusés, par exemple les tableurs du type Excel.

La mise à disposition sous forme d'API s'adapte bien à une réutilisation par les développeurs d'applications et de services web ou mobiles. Elle permet un accès sélectif (le programmeur accède aux informations qui l'intéressent et non à l'intégralité du fichier en téléchargement) et s'adapte bien aux données dont la mise à jour est fréquente. Ainsi, pour les données de type transport et déplacement, ou celles comprenant des horaires d'ouverture d'équipement, la mise à disposition sous forme d'API devient le standard.

Proposer une API ne dispense cependant pas d'offrir les données en téléchargement. L'Open Knowledge Foundation recommande d'ailleurs de systématiquement proposer cette option, même pour des données mises à jour régulièrement. Le service de la statistique européenne Eurostat propose ainsi le téléchargement de près de 4 000 jeux de données, dont certains sont actualisés deux fois par jour. Il faut souligner qu'une API n'est jamais neutre : elle présuppose un certain type d'usages par les programmeurs, d'où l'intérêt de toujours proposer simultanément les données brutes.

Les API restent des outils puissants au service des informaticiens. On constate d'ailleurs un lien fort entre la mise à disposition d'une API et une offre plus importante d'applications et de services développés à partir des données ouvertes. Ce mode de mise à disposition est malheureusement beaucoup moins bien adapté pour les autres usages, en particulier pour la consultation ou pour certaines médiations.

À quoi ressemble une API ?

La ville de Nantes propose une API pour accéder aux disponibilités en temps réel des parkings publics de la ville.
Un développeur qui souhaite accéder à cette information, par exemple pour l'intégrer dans une application, peut utiliser une commande dédiée nommée *getDisponibiliteParkingsPublics*. La réponse liste notamment pour chaque parking public de la ville :
- Le nom du parc de stationnement ;
- Son statut : fermé, ouvert uniquement aux abonnés, ouvert à tous ;
- La disponibilité et le nombre de places restantes ;
- L'horodatage de l'information fournie.

On voit clairement dans cet exemple l'intérêt d'une mise à disposition sous forme d'API :
- Les informations en question sont mises à jour très régulièrement (en temps réel) ;
- Les développeurs peuvent intégrer plus facilement et plus rapidement ces éléments dans leur projet de service ou d'application.

c) La visibilité des données

Pour que l'open data soit un succès, il faut que les réutilisateurs puissent identifier et découvrir les données disponibles.

• **Le portail, la pierre angulaire de la démarche**

L'intérêt de proposer un sous-domaine data sur le site web de l'organisation a déjà été évoqué. Ce portail constitue souvent la pierre angulaire des projets. Il sert notamment à :

- Héberger les données sous différents formats ;
- En permettre la découverte (par un annuaire, via un moteur de recherche interne) ;
- Fournir aux réutilisateurs des informations sur les licences juridiques, les formats, la documentation des API ;
- Proposer un espace d'échange et d'interaction avec l'organisation et entre usagers ;
- Offrir des informations diverses sur le programme open data : actualités, rencontres et ateliers, concours ;
- Mettre en avant les réutilisations les plus exemplaires.

Le portail a tout autant un rôle technique que d'animation de la démarche voire de promotion des résultats[98]. Pour faciliter la découverte des données, on peut proposer plusieurs voies pour y accéder :

- Par la thématique : culture, transports et déplacements, vie démocratique, etc. ;
- Par l'émetteur : le service concerné dans le cas d'une collectivité, le ministère pour le portail gouvernemental, des organisations tierces (CAF, INSEE) ;

98. Les fonctionnalités du portail en rapport avec l'animation et l'éditorialisation de la donnée sont traitées ci-après.

- Par la couverture géographique : un quartier, une commune, un département ou une région, etc. ;
- Par les formats offerts : CSV, XLS, XML, GIF, XML ;
- Par la dernière date de mise à jour ou de publication : pour mettre en avant les nouveautés ;
- Par la popularité : exprimés en nombre de consultations, de téléchargements ou de votes.

Le site data.gouv.fr propose un accès par un moteur de recherche. L'internaute tape une requête (par exemple « transports maritimes ») et peut visualiser tous les jeux de données en rapport avec sa demande. Ce mode est bien adapté pour des portails recensant un très grand nombre de fichiers. Certains proposent en outre leur propre outil de visualisation, avec des contenus différenciés selon le profil de l'utilisateur (citoyen ou professionnel).

Les solutions de portail existantes

Il y a plusieurs manières de publier des données ouvertes. Le choix dépend notamment des compétences maîtrisées en interne, de l'environnement technologique de l'organisation et du volume des fichiers et/ou du trafic généré.

La première solution, la plus simple et suffisante pour initier la démarche, consiste à proposer une page dédiée sur le site web existant. Cette page contient des liens vers les jeux de données à télécharger. La seconde solution reste de développer en interne une solution de publication, au besoin en s'appuyant sur les outils et les environnements déjà utilisés (ex. Drupal, Typo3).

On peut aussi se tourner vers des solutions clés en main, il en existe plusieurs sur le marché. Si l'organisation souhaite héberger ses données, elle peut notamment se tourner vers les portails développés par l'Open Knowledge Foundation, CKAN ou la plateforme open data d'In Cité Solution (utilisées par Rennes et Nantes). Certains éditeurs proposent des solutions hébergées, par exemple Data Publica, Microsoft (dont la solution, basée sur la plateforme Cloud Azure, a été adoptée par le conseil général de Saône-et-Loire) ou encore Socrata (à ce jour non traduit en français).

- **Les portails et répertoires tiers**

Dans l'optique de faciliter la rencontre entre l'offre (les données) et la demande (les réutilisateurs), il ne faut pas se contenter de recenser les données sur son seul portail de collectivité ou d'organisation. On peut aussi les référencer sur des portails et des répertoires tiers, comme le site nosdonnees.fr géré par Regards Citoyens[99] et le site data-publica.com qui propose un très grand nombre de données. Issus de plusieurs éditeurs, publics ou privés, certains jeux restent payants. Data Publica se présente comme un *data store* où l'on peut rechercher, acquérir et télécharger ces fichiers en fonction de ses besoins[100].

3- Animer, valoriser, mesurer

La troisième étape[101] de la démarche (animer, valoriser, mesurer) est parfois négligée dans les initiatives open data en France. Comme souligné précédemment, le succès repose pourtant bien dans la mise en place d'une infrastructure sociale (et pas uniquement technique) pour accompagner le

99. Le site nosdonnees.fr repose en partie sur la solution open source CKAN développée par l'Open Knowledge Foundation.

100. D'autres répertoires et portails internationaux proposent un tel recensement, par exemple datacatalogs.org ou thedatahub.org.

101. Après celles de définition de la stratégie et de première ouverture des données.

projet. Le fait de mettre en ligne des jeux pertinents et bien documentés, sous des formats ouverts, avec des licences libres, via de multiples méthodes (téléchargement et API) n'est en aucun cas la garantie d'une réutilisation. Cela peut éventuellement suffire pour quelques données (en particulier celles concernant les transports ou les déplacements pour lesquels la demande se révèle forte). Mais cela constitue l'exception plutôt que la règle.

Cette troisième partie vise donc à détailler pourquoi et comment animer une communauté, valoriser les participants et les services créés et enfin mesurer les résultats obtenus.

a) Animer

• Les objectifs de l'animation

L'animation d'une démarche open data se déroule tout à la fois en ligne et sur le terrain, selon plusieurs modalités (concours, ateliers et « barcamps »[102]) et vise plusieurs destinataires (les détenteurs, les réutilisateurs, les utilisateurs finaux). Elle recouvre plusieurs objectifs :

- Favoriser la découverte des données par les publics cibles ;
- Stimuler la créativité ;
- Engager une dynamique autour de l'open data ;
- S'assurer que le projet soit réellement capable de produire les résultats recherchés (des services, de la transparence, des applications, etc.).

102. Un barcamp est une rencontre, une non-conférence ouverte qui prend la forme d'ateliers-événements participatifs où le contenu est fourni par les participants qui doivent tous, à un titre ou à un autre, apporter quelque chose au barcamp. Source Wikipédia.

Qui doit mener cette animation ? De prime abord, on serait tenté de penser que seule l'organisation qui met en ligne les données (la collectivité, l'administration, l'entreprise) est en mesure de la porter. En pratique, on peut imaginer qu'elle soit déléguée, sous le pilotage de celui qui publie les données. Plusieurs exemples existent en Europe : à Manchester, une structure tierce, Future Everything anime le programme open data du Grand Manchester ; le Forum Virium, qui regroupe des collectivités de la région d'Helsinki et des entreprises du numérique, est en charge du projet Helsinki Region Infoshare. Sa mission est de mettre en place la stratégie open data pour la capitale finlandaise, il regroupe l'ensemble des acteurs publics. À terme, le sujet doit réintégrer les missions des services administratifs.

Pilote 41, l'expérience open data du Loir-et-Cher

Le conseil général du Loir-et-Cher a confié l'animation de son projet à une structure tierce, l'Observatoire de l'Économie et des Territoires du Loir-et-Cher, qui édite le site Pilote41.fr. Sa mission initiale est de centraliser, analyser puis diffuser les données conjoncturelles du département.

- **L'animation en ligne**

L'animation est une partie intégrante des fonctions du portail data, au même titre que la mise à disposition et l'hébergement des données. En ligne, elle se présente sous plusieurs formes ; l'éditorialisation de la donnée ; la mise en place d'outils de dialogue et d'interactions avec les réutilisateurs ; l'information sur la démarche et son actualité.

La démarche d'éditorialisation est rarement mise en œuvre. Elle demeure pourtant l'un des éléments clés pour faire découvrir les ressources disponibles et stimuler la réutilisation. La page d'accueil du portail est le lieu idéal pour mettre en avant un jeu de données. On peut proposer une accroche et un contenu plus détaillé via un lien sur : son historique, le motif de la collecte, son utilisation, ses acteurs en charge de la donnée, ceux qui l'utilise aujourd'hui au sein de l'organisation, des exemples d'usages possibles, etc. Pour illustrer cela, en voici un exemple dans l'encadré ci-dessous.

DataLocale et l'éditorialisation des données

Exemple précurseur en France de collaboration aboutie entre des conseils généraux et régionaux, DataLocale propose, sur sa page d'accueil, différents jeux de données, classés par thématique. Le site présente de manière claire la démarche, les référentiels utilisés et les nouveautés.

Quelles informations doivent faire l'objet de cette mise en avant ? Selon l'avancement du programme, les premiers résultats obtenus et les objectifs, on pourra mettre en avant au choix les données les plus populaires ou les plus méconnues, ou bien, celles qui ont déjà donné lieu à des réutilisations ou pour lesquelles on perçoit un potentiel inexploité.

L'important dans la démarche d'éditorialisation est de proposer régulièrement du contenu nouveau et mis à jour. Cette remarque s'étend d'ailleurs aux fichiers eux-mêmes.

Le dialogue en ligne avec les réutilisateurs est l'un des éléments de l'infrastructure sociale qui doit accompagner l'open data. Il peut prendre plusieurs formes (formulaire de contact, forums de discussion, médias et réseaux sociaux, procédure de votes en ligne, etc.) et répond à plusieurs objectifs :

- Offrir une voie de retour sur les données ouvertes. Il est essentiel que l'ensemble des cibles (développeurs et utilisateurs finaux) puisse demander des jeux de données manquants, faire remonter des remarques ou signaler des erreurs.
- Favoriser une dynamique de participation. Les échanges directs entre les réutilisateurs sont souvent pertinents, il faut proposer sur le site un espace pour ce dialogue entre tous les acteurs de la démarche.
- Informer sur le programme et les actions collectives. Le site annonce les rencontres, les ateliers, le cas échéant le concours d'idées ou de développement de services.

En fonction des objectifs poursuivis, on peut donc mettre en œuvre plusieurs outils :
- Le vote en ligne : mis en place par exemple à Paris ou à Toulouse, il incite l'internaute à noter chaque jeu de données sur une échelle de 1 à 5 étoiles ;
- Le formulaire de contact : présent sur la plupart des portails, c'est vraiment la brique minimum à prévoir, mais elle n'est bien souvent pas suffisante ;
- Le forum de discussion : il est bien adapté aux échanges entre développeurs, mais il demande déjà un certain niveau d'engagement de leur part (tout le monde ne participe pas spontanément) ;
- Les réseaux sociaux et premièrement Twitter : très bien adapté à la mise en place d'une relation directe, il encourage les interactions et les échanges, mais ne permet pas une bonne capitalisation des questions/réponses.

Les solutions asynchrones en ligne (notamment les forums) répondent bien aux problématiques des développeurs amateurs, qui travaillent souvent sur leur temps libre, en dehors des heures de bureau. On peut aussi imaginer de proposer d'utiliser des outils synchrones en ligne, par exemple des séances de *chat* en ligne (ou des vidéoconférences) avec les détenteurs de données ou l'équipe-projet. Ces événements en ligne permettent aussi de mettre en avant tous les participants.

Quelle que soit la méthode choisie, il faut retenir que c'est au réutilisateur de savoir quel canal il veut utiliser pour interagir avec le détenteur des données, et pas l'inverse.

Open data et réseaux sociaux, la complémentarité

L'étude de l'usage de Twitter par les 11 premiers réseaux de transport collectif urbain révèle que les trois exploitants les plus dynamiques sur Twitter sont aussi les trois premiers à ouvrir leurs données : Rennes (@starbusmetro), Bordeaux et Nantes[103].

L'usage de Twitter ne se révèle pas seulement un indicateur de maîtrise du numérique, il dénote un changement de posture. En effet, l'outil permet d'initier une démarche de dialogue et d'échange avec les usagers. Il encourage naturellement une position d'animateur de communautés plutôt qu'un mode de communication uniquement descendant.

- **Concours, challenges et appels à projets**

La création d'une dynamique passe aussi par l'organisation de quelques temps forts autour de l'ouverture des données. Il en existe plusieurs formes :

- Les concours : orientés sur le développement de services ou d'applications, sur la production de médiations et visualisation ou sur la génération de nouvelles idées ou concepts (en amont) ;

103. *Cf.* « L'info voyageur et Twitter dans les transports urbains », présentation de Simon Chignard aux rencontres MetroNum de Bordeaux, 8/12/2011, disponible sur Slideshare.net.

- Les « challenges courts » : sur un mode de compétition en temps réduit, ils rassemblent plusieurs individus pour concevoir des scénarii d'usages, et parfois les mettre en œuvre ;

- Les appels à projets : dans une approche plus traditionnelle, il s'agit d'encourager la concrétisation de projets de réutilisation qui semblent porteurs.

La démarche de concours a été l'une des toutes premières formes d'animation mises en place autour des démarches open data, par exemple à Washington en 2008 avec la compétition Apps for Democracy[104]. Le principe reste le suivant : les réutilisateurs sont invités à développer des applications ou des services à partir des données ouvertes, sur une période de temps relativement longue (deux à trois mois environ). À l'issue de cette période, un jury et éventuellement le vote du public déterminent les services lauréats, qui reçoivent alors une récompense, souvent sous forme monétaire. La compétition a un effet stimulant important, l'impact sur le nombre de réutilisations est très net. Elle permet d'orienter les travaux des réutilisateurs vers des axes (applications, visualisations) ou des thématiques (accessibilité, culture, etc.) particulières. On retrouve ici le rôle de la collectivité comme « chef d'orchestre » de la démarche.

Le concours a aussi ses détracteurs. Ils pointent notamment la redondance des services développés et questionnent leur pérennité[105]. La redondance s'avère spécifique à cette démarche d'animation. Dans une procédure classique de

104. Pour une analyse plus globale du concours comme nouvelle forme de mobilisation et d'innovation politique, *cf.* l'article publié par Laurence Allard et Olivier Blondeau, initialement sur le blog netpolitique.net et repris sur *InternetActu* le 10/06/2010.

105. *Cf.* l'article « Le concours... et après ? » par Hubert Guillaud, *InternetActu,* 07/09/2011.

marchés publics ou d'appels d'offres, la collectivité définit son besoin, le formalise dans un cahier des charges puis retient un unique prestataire pour développer le service. Tout le monde ne peut pas répondre, il faut remplir certains critères (juridiques, financiers, d'expérience et d'antériorité) pour prétendre participer.

Dans le cadre d'une compétition ouverte, le rôle de la collectivité est très différent. On sort d'une démarche de relation de clients à fournisseurs pour entrer dans une position d'animateur. Dans un mode concours, tout le monde est jugé qualifié, *a priori*, pour participer. On départage ensuite les vainqueurs sur des réalisations opérationnelles, et non pas sur des propositions. Les applications et services peuvent ainsi présenter une certaine redondance – ce qui ne semble pas non plus très surprenant si l'on part d'une offre réduite de données.

Il faut considérer cette question dans un rapport redondance/diversité. Si, sur un territoire donné, on trouve par exemple plusieurs applications mobiles de calculs d'itinéraires (basées sur les mêmes données) on peut parler d'un certain degré de redondance. Par contre, si le concours permet de mettre au point une offre beaucoup plus vaste (un service pour les smartphones de type iPhone, mais aussi Android, BlackBerry ou Windows Phone) on reste plutôt dans une problématique de diversité. En reprenant la comparaison avec une procédure de marchés publics, il faudrait donc imaginer que la collectivité commande non pas la réalisation d'une application, mais plusieurs pour chacune des plateformes existantes.

Redondance ou diversité ? Un exemple concret

Dans le cadre du concours Rennes Métropole en accès libre, plusieurs applications mobiles dédiées aux transports rennais ont été développées à partir des données ouvertes. Concernant la plateforme iPhone, plusieurs utilisent les mêmes informations de Keolis Rennes et fournissent, *a priori*, des services similaires : RennesBus, Bus de Rennes en poche, eo'City, Locomote.

Chacune propose pourtant une approche spécifique du sujet. RennesBus est bien adaptée pour les usagers réguliers du réseau, qui peuvent connaître en un clic les horaires de passage des prochains bus dans les stations qu'ils empruntent (les « favoris »). Bus de Rennes en poche offre un service proche, mais fonctionne en mode déconnecté, c'est-à-dire que l'application est utilisable que l'on possède ou non un abonnement 3G ; eo'City joue la carte de la multimodalité, en intégrant des informations concernant les bus, les vélos en libre-service, les parcs relais, etc. ; enfin, Locomote est bien adaptée notamment pour ceux qui programment leurs déplacements à l'avance.

On le voit, ce qui, de prime abord, ressemble à de la redondance est aussi le reflet d'une certaine diversité d'usages.

Le second reproche formulé à une animation de type concours est la non pérennité des services développés. La perspective de gagner un prix inciterait les participants à développer des applications qui n'auraient pas vu le jour autrement. Une fois la remise des prix passée, ils ne mettront pas à jour leur service ou l'abandonneront – en particulier ceux qui n'auront pas été distingués par le jury.

Les éléments d'analyse concernant la motivation des réutilisateurs (*cf.* chapitre 2) permettent en partie de comprendre les causes d'abandon des services et d'applications. En effet, on a vu que ces motivations sont multiples, que l'intérêt pécuniaire n'est pas – et de loin – le premier élément incitateur.

Par ailleurs, la reconnaissance reste un facteur d'incitation très fort et peut prendre plusieurs formes, comme celle d'un prix accordé dans le cadre d'un concours ou toute autre forme de labellisation institutionnelle ou celle de la diffusion et l'adoption réelle des services développés.

Ce dernier point est essentiel : il me semble que la plus forte incitation, pour une grande partie des développeurs, reste que leur service rencontre son public et qu'il démontre son utilité pour les utilisateurs finaux. Une application mobile lauréate du concours, mais peu téléchargée et utilisée aura moins de chance d'être maintenue et mise à jour qu'une application « perdante » mais populaire.

Le prix accordé par un jury est une incitation ponctuelle, la reconnaissance par les utilisateurs est une incitation renouvelée. Or l'enjeu de durabilité est bien que les concepteurs et développeurs du service continuent à y trouver leur intérêt, même après la compétition.

Le concours, imaginé dans une démarche d'animation de l'ouverture des données publiques, invite en fait à se poser deux questions : celle de l'avant-concours, « existe-t-il d'autres modes de dynamisation ? » et celle de l'après-compétition, « comment faire pour que la dynamique créée se poursuive après l'annonce des résultats ? »

Les territoires pionniers dans ce domaine, en particulier aux États-Unis, ont identifié deux pistes principales :

- Le lancement de nouvelles éditions de concours, sous des formes plus précises de type « challenges pour répondre à un besoin »[107] ;
- Le recours à des formes alternatives d'animation, et notamment les appels à projets.

107. *Cf.* notamment la seconde édition du concours new yorkais Big Apps V2.

Les étapes pratiques de la mise en place d'un concours

La société iStrategyLabs, à l'origine de l'un des tout premiers concours open data, Apps for Democracy, a publié un guide pratique à l'intention des futurs organisateurs[106]. Les neuf étapes clés du processus sont les suivantes :

1- Définition du cadre général du concours (données, prix, jury, planning) ;

2- Création d'un site web dédié ou d'un espace sur le portail de données ;

3- Actions marketing vers les développeurs : faire connaître la compétition (actions ciblées en ligne et relais des communautés) ;

4- Recrutement du jury : composition du jury (des financeurs, mais aussi des juges qui comprennent la technologie et/ou peuvent servir de relais d'opinion) ;

5- Évaluation intermédiaire des projets participants : si le règlement le permet, interaction avec les développeurs pour améliorer le résultat ;

6- Publication des applications développées : recenser, pendant le concours, toutes les applications participantes ;

7- Vote du public : double intérêt, il permet de donner plus de visibilité au concours et encourage les développeurs à assurer leur propre promotion ;

8- Réunion du jury et remise des prix : la délibération du jury peut être immédiatement suivie d'une cérémonie publique ;

9- Diffusion du palmarès : les résultats sont annoncés sur le site, relayés auprès de la presse et des acteurs pertinents.

Notre propre expérience de participation au jury du concours Rennes Métropole en accès libre nous permet d'insister sur l'importance du travail en amont. En effet, demander aux « examinateurs » de délibérer sur plusieurs dizaines d'applications en un temps court implique que les services aient pu être analysés, testés et vérifiés en amont. Le jury technique, plus resserré, doit être mobilisable quelques semaines avant la délibération et disponible pour plusieurs sessions d'analyses et d'échanges.

106. *Cf.* « Apps for Democracy [en] », le 8/09/2009, sur *Owni.fr*.

Les « challenges courts » sont un autre mode d'animation basé sur des principes similaires. Des développeurs et autres réutilisateurs sont invités à produire, dans un délai très court (souvent deux jours) des idées de projets ou d'applications. Un jury récompense ensuite les meilleures propositions.

Ce format d'événement est bien adapté à l'appropriation de thématiques particulières. On peut citer comme exemple, le Culture Hack Scotland organisé par le Edinburgh Festivals, où une trentaine de développeurs et d'artistes sont invités à proposer des réutilisations à partir des jeux de données culturelles.

Le challenge court et le concours peuvent faire appel au même public de réutilisateurs. La contrainte physique (tous les participants se retrouvent dans un même lieu) peut constituer un frein pour des programmeurs ou des médiateurs géographiquement éloignés. Les deux modes d'animation permettent de communiquer efficacement sur le projet open data et l'organisation d'un challenge court se révèle plus facile (les montants des prix à prévoir plus faibles) que celle d'un concours. La question majeure de ces challenges reste qu'ils produisent plus souvent des idées et des concepts que des services aboutis (contrairement au concours). Le rôle de l'organisateur ne sera donc pas tant de gérer la redondance et la pérennité que de s'assurer du « passage à l'acte » pour les projets jugés les plus prometteurs.Par exemple, le Edinburgh Festivals finance la réalisation pour les vainqueurs de Culture Hack Scotland, les accompagne et prend en charge leur promotion.

Le troisième mode de dynamisation est l'appel à projets. La collectivité invite les acteurs à proposer des projets de réutilisations puis en sélectionne certains. L'intérêt principal reste justement d'assurer un meilleur ciblage *a priori* – au besoin en précisant les sujets, les approches ou les jeux de données à privilégier. Le problème de la redondance est donc logiquement moins important que dans le cadre d'un concours. L'appel à projets réclame une plus grande implication de la collectivité, notamment pour financer la réalisation des projets retenus. Au final, là où le concours visait la diversité de réutilisations, l'appel à projets se veut plus qualitatif.

Il ne faut pas opposer les trois modes évoqués ci-dessus, mais plutôt les penser comme des outils complémentaires. On peut imaginer qu'ils se succèdent dans le temps, en fonction des premiers résultats obtenus :

- Un concours au lancement pour *booster* la démarche et stimuler une grande diversité d'offres ;
- Des challenges courts ciblés, sur des catégories (par exemple les étudiants) ou des thématiques (la vie associative) peu traitées dans le concours ;
- Un appel à projets « au fil de l'eau », pour inciter les collaborations entre plusieurs domaines (tourisme, culture) ou portant sur des projets de création d'entreprises.

Par leur caractère plus ciblé qu'une démarche de concours, les challenges courts et les appels à projets permettent également de mobiliser d'autres communautés de réutilisateurs. Les corps intermédiaires (associations, société civile, la presse), aujourd'hui souvent absents du sujet open data, peuvent être touchés par ces initiatives.

Tous les modes d'animations décrits ci-dessus se concentrent sur un triptyque « objectifs/données/acteurs » particulier :

- L'objectif demeure de favoriser la production (d'idées, de projets, de services concrets) ;
- En mobilisant en priorité les données ouvertes par l'organisation ;
- Avec pour cible première les réutilisateurs, en particulier les développeurs.

Si l'ambition est plus vaste et que l'on souhaite véritablement engager une dynamique territoriale autour de l'open data, il faut envisager d'autres modes d'action. L'enjeu s'avère alors, entre autres, de promouvoir une culture de la donnée.

- **Promouvoir une culture de la donnée**

Parmi les critiques formulées à l'encontre de l'open data, on a précédemment identifié le risque de renforcement des plus forts (*cf.* chapitre 1, notamment l'exemple de la numérisation des registres fonciers en Inde). Faute de diffusion d'une culture de la donnée, l'ouverture ne profite qu'à ceux qui maîtrisent déjà le mieux les outils et les concepts. Qu'est-ce qu'une donnée ? En quoi se distingue-t-elle d'une information ? Qu'est-ce qu'une donnée ouverte[108] ? Posséder une base commune de compréhension reste une première étape. Tout le monde ne manipule pas quotidiennement ces éléments dans le cadre de son activité professionnelle ou de ses loisirs. Un travail de sensibilisation, en partant d'exemples, ou de questions très concrètes, peut être pertinent.

108. Le lecteur est invité à se reporter à l'introduction de cet ouvrage.

Atelier « Ouverture des données et expérience touristique »

Dans le cadre du programme open data sur le territoire nantais, l'agence de design Grrr a animé fin 2011 un atelier sur le thème « l'ouverture des données peut-elle améliorer l'expérience touristique ? ». Les participants (des agents des administrations, des associations et des entreprises du secteur touristique et culturel) ont été invités à travailler à partir de scénarii possibles à l'horizon 2015. L'atelier a notamment permis d'identifier la grande diversité des sources et des types de données, en soulignant en particulier l'intérêt des informations contributives.[109]

Il faut fournir les éléments permettant une lecture critique des données : s'interroger sur la source, les possibles biais, les choix de représentation graphique et les objectifs poursuivis par les médiateurs.

Même une donnée brute ne doit pas dispenser d'un regard critique, bien au contraire : elle n'est jamais produite par hasard, mais répond toujours à un besoin (de mesure, de contrôle, d'évaluation, d'exploitation...). Si l'on évacue ses questions et le contexte de leur création, on se prive de beaucoup d'éléments de compréhension.

Les communautés VizThink

Les communautés VizThink rassemblent ceux qui s'intéressent à la visualisation et à la représentation graphique. Les rencontres informelles sont l'occasion de discuter des méthodes et des outils pour représenter des faits, des données, des informations.
Elles ne relèvent pas à strictement parler des animations autour de l'open data, mais elles permettent de mobiliser des compétences et d'avancer des idées de réutilisations.[110]

109. *Cf.* http://actionsopendata.org.
110. *Cf.* http://vizthink.com.

Enfin, il est parfois nécessaire de donner les outils pour traiter et manipuler les données. La maîtrise des concepts statistiques de base se révèle être un savoir précieux, tant pour réutiliser des données soi-même que pour détecter les faiblesses des analyses des autres. Maîtriser la distinction entre une moyenne et une médiane peut sembler simple. Comprendre la différence entre une corrélation et une causalité est tout aussi indispensable[111].

On peut former aux outils permettant de manipuler des données, des statistiques ou des données géographiques (à l'aide du logiciel Google Earth par exemple).

Atelier « Géo-bidouillage de données »

Loïc Haÿ, chargé de mission à l'Agence régionale du numérique d'Île-de-France (ex-Artesi) a animé un atelier de « géo-bidouillage de données » pour le forum des usages coopératifs de l'internet à Brest en 2008.
À partir d'un jeu de données concernant des producteurs locaux de Romans-sur-Isère et de ses environs, il détaille neuf « géo-bidouilles », pour compléter les données, les géocoder, les représenter sur des cartes en ligne. Il offre aussi des exemples de collecte de données en situation de mobilité. Les contenus de son atelier restent disponibles en ligne[112].

111. Un exemple « au niveau mondial, il existe une corrélation positive entre la proportion de fumeurs et l'espérance de vie ». Cela veut-il dire pour autant que fumer permet de vivre plus vieux ? En réalité, la corrélation s'explique par le pouvoir d'achat et le niveau sanitaire. *Cf.* d'autres exemples sur www3.ac-clermont.fr.

112. *Cf.* Loïc Haÿ, « Géo-bidouillages de données », 30 juin 2010, sur Slideshare.net.

b) Valoriser

La phase de valorisation demeure essentielle dans la démarche d'ouverture des données. On peut chercher à mettre en avant :

- Les résultats : les applications et services, les visualisations réalisées ;
- Les réutilisateurs eux-mêmes : les développeurs, les acteurs de la société civile impliqués ;
- La démarche d'ouverture elle-même.

On a vu précédemment que l'utilisation réelle des applications restait par exemple l'une des plus fortes incitations pour les programmeurs. Dans cette optique, favoriser l'adoption des services doit faire partie des missions de l'équipe projet open data.

• Les portails et catalogues d'applications

Les portails open data peuvent constituer les premiers lieux pour présenter les services et applications créés : soit directement sur le portail qui héberge les fichiers, en créant une section dédiée (*cf.* par exemple Montpellier, la CUB, Rennes Métropole, etc.) ; soit en développant un site tiers qui recense toutes les applications (approche privilégiée par San Francisco ou Paris par exemple). Ce dernier lieu peut aussi recenser des applications qui ne sont pas issues de l'open data, la clé d'entrée étant alors le territoire et non le type de données utilisées. Au final, il s'agit de fournir un « catalogue d'applications » au même titre qu'un « catalogue de données ».

- **Les démarches de labellisation**

L'organisation peut aussi s'engager dans une démarche de labellisation des services développés par des tiers. Elle répond à plusieurs objectifs :

- Donner une indication aux utilisateurs finaux sur la qualité du service ;
- Fournir un cadre pour la promotion ;
- Renforcer les liens entre les réutilisateurs, en particulier les développeurs, et les détenteurs de données.

Par exemple, dans le domaine des services pratiques (horaires d'ouverture des équipements, horaires de bus) la qualité ne se mesure pas qu'au moment du lancement de l'application mobile, mais tout au long de sa vie ; il faut qu'elle soit maintenue et son contenu mis à jour.

Pour les utilisateurs finaux, la labellisation se révèle une aide au choix, dans une certaine mesure une garantie d'obtenir un service de bonne qualité[113]. La promotion des services est aussi facilitée, car on peut communiquer plus aisément (et sereinement) sur des applications que l'on a validées.

La labellisation permet enfin de renforcer les liens entre détenteurs et réutilisateurs. On peut demander, en échange d'une visibilité accrue, que les programmeurs partagent des informations sur l'usage réel de leur service ou application (nombre de téléchargements, nombre d'utilisateurs actifs, etc.).

113. L'un des enjeux pour l'organisation qui labellise est bien de s'assurer de la maintenabilité des applications développées par des tiers.

Le label ParisApps

Le site Paris.fr recense les applications mobiles présentant un rapport avec la capitale, qu'elles aient été développées ou non à partir de données ouvertes.
Dans ce cadre, le label ParisApps permet de distinguer les meilleures applications. Un jury, composé de personnalités diverses, se réunit quatre fois par an pour évaluer les applications selon un ensemble de critères : l'innovation, la richesse et l'intérêt du contenu, la qualité graphique et esthétique, la facilité de prise en main et l'utilité pratique. Les avis des internautes publiés sur le site ParisApps font partie des éléments retenus.

- **Les autres formes de mise en visibilité**

Comment permettre aux services développés de rencontrer leur public ? Il faut identifier tous les supports, les lieux et les moments où il est pertinent de faire connaître le travail réalisé. Une bonne approche consiste à imaginer le parcours d'un utilisateur : à quel moment, dans quelles circonstances aura-t-il besoin de ce service ? Quels supports d'information va-t-il consulter ? Où se trouve-t-il au moment où il recherche une solution ? Prenons l'exemple d'une application facilitant l'utilisation d'un service de vélo en libre-service pour illustrer cette approche. On peut communiquer auprès du public cible (les utilisateurs du service) à plusieurs occasions :

- Lors de la première inscription au service ou du renouvellement de son abonnement ;
- Lors des contacts avec le personnel chargé des relations clients ;
- À chaque fois qu'un utilisateur prend un vélo dans une station.

Les lieux identifiés sont donc le point d'information transport, la boutique de vente et les stations de vélo en libre-service. Quant aux supports, ils s'avèrent multiples, on a : le site web, les documents d'inscription ou de renouvellement, les guides papier remis aux usagers du service, les courriers électroniques et le centre d'appel (en particulier via les messages d'attente), et aussi directement sur les bornes, voire sur les vélos eux-mêmes. On peut décliner les supports en fonction de la thématique du service développé à partir des données ouvertes. Si une application met en valeur les ressources touristiques d'un territoire, pourquoi ne pas l'annoncer à l'office du tourisme et dans les principaux points d'intérêt ?

Ces actions de promotion et de visibilité restent complémentaires de celles que le réutilisateur peut lui-même assurer (par exemple avec de la publicité en ligne ou des opérations de relations presse).

c) Mesurer

L'évaluation des démarches d'ouverture des données doit être pensée dès le début du projet. Définir les critères pour mesurer les résultats se révèle d'autant plus facile que les objectifs de l'open data auront été formalisés et explicités en amont. Les indicateurs à prendre en compte concernent les jeux de données ouverts, les réutilisateurs et les services créés.

Les indicateurs concernant les jeux eux-mêmes permettent de suivre et de mesurer l'adoption de la démarche open data par les détenteurs de données. On peut notamment évaluer dans le temps :

- Le nombre de fichiers mis à disposition ;
- La part des jeux publiés au cours des 45 derniers jours ;
- Le nombre de services impliqués dans la démarche (ceux qui ont proposé des données ouvertes) ;
- La complétude et la diversité des jeux, au regard des thématiques jugées prioritaires en amont ;
- La qualité perçue par les réutilisateurs (à partir des retours) ;
- La fraîcheur des informations (la fréquence de mise à jour indiquée est-elle respectée ?).

Concernant les réutilisateurs, on s'intéresse autant à leur nombre qu'à leur diversité en mesurant par exemple :
- Le nombre de visiteurs uniques sur le site open data ;
- Le nombre de jeux de données vu par utilisateur (ou à défaut les pages vues par visiteur unique) ;
- Le nombre de réutilisateurs inscrits (dans le cas des API ou des forums de discussion nécessitant une inscription préalable) ;
- La participation aux différentes animations, en ligne ou hors-ligne (nombre de messages sur le forum, nombre d'inscrits aux ateliers, au concours, etc.) ;
- La diversité des profils participants au concours ou aux challenges (étudiants, personnes physiques ou morales, etc.).

Mais les principaux indicateurs à suivre concernent les réutilisations des données ouvertes. Il faut veiller à prendre en compte l'ensemble des classes de réutilisations (consultation, médiation, application, réutilisation spécialisée) et non pas uniquement les applications. Là encore, on évalue ces éléments en fonction des objectifs initiaux. On peut par exemple suivre dans le temps :

- Le nombre de services, visualisations ou applications créés ;

- Un indice de qualité perçue par l'organisation qui met les données à disposition ;

- La diversité des services : en fonction des thématiques, des modes d'accès (web, mobile, autre), des plateformes techniques (iOS, Android, Windows Phone, etc.) ;

- La pérennité : mesurée par exemple dans la part des applications mises à jour sur une période déterminée ou à l'inverse « abandonnées » ;

- L'adoption par le public : le nombre de téléchargements, la part d'utilisateurs actifs ;

- La qualité perçue par les utilisateurs : commentaires et avis, votes en ligne, notation dans les boutiques d'application (à prendre cependant avec précaution).

Un retour sur investissement de 4 000 % ?

Les organisateurs du concours Apps for Democracy 2008 (Washington DC) ont annoncé un retour sur investissement record de 4 000 %. Leur calcul demeurait relativement basique : il consistait à regarder le nombre d'applications engagées dans la compétition (47), le coût que leur aurait coûté le développement individuel de chaque application (environ 37 000 dollars par application) moins les frais liés au concours (50 000 dollars).

En résumé, ils ont appliqué au concours un mode de calcul qui correspond à une approche de marchés publics, sans tenir compte de la spécificité de ce mode d'animation (redondance, réponse à un besoin formulé, etc.). L'approche retenue, certes séduisante, reste très simpliste et ne reflète pas les bénéfices collectifs de l'open data.[114]

114. Présentation de Simon Chignard à l'occasion de l'Open Data Garage de Marseille, le 8 juillet 2011.

La troisième catégorie d'indicateurs est spécifique à chaque objectif du projet. Par exemple si l'on souhaite favoriser le report modal vers les transports collectifs[115] on peut suivre et mesurer :

- Le nombre, la diversité, la qualité et la pérennité des applications en rapport avec cette thématique ;
- La connaissance de ces outils par le public cible (par exemple lors des enquêtes de satisfaction menées en ligne ou sur le réseau) et leur utilisation réelle ;
- Le niveau de satisfaction exprimé par les usagers, au regard de l'objectif initial.

Dans l'exemple cité ci-contre, on évaluerait idéalement la part du report modal attribuable à ces applications, tel que constaté *a posteriori*. Précisons que, même pour des sites d'information voyageurs officiels qui répondent au même objectif, une telle mesure est rarement effectuée, notamment parce qu'il est difficile d'attribuer les modifications de comportements à une seule cause. Il est plus honnête intellectuellement de ne pas exiger des démarches d'innovation ouverte des indicateurs que l'on n'est pas en mesure de fournir pour des projets menés dans un cadre plus traditionnel.

Le calcul du retour sur investissement d'un projet open data doit tenir compte de l'ensemble des effets directs et indirects des réutilisations. Il faut évaluer les bénéfices pour les utilisateurs finaux et non uniquement pour les réutilisateurs, ce qui reste une tâche plus vaste que la seule mesure du nombre d'applications créées.

115. C'est-à-dire inciter les utilisateurs d'un véhicule personnel à utiliser un mode de déplacement non motorisé.

Quels indicateurs en fonction des objectifs ?

Une étude des objectifs affichés dans les démarches open data en France fait apparaître une grande diversité. Pour chacun d'entre eux, je propose des idées d'indicateurs qui peuvent être mis en place. Certains restent simples, d'autres nécessitent des enquêtes qualitatives ou quantitatives.

• Objectif « favoriser la transparence » :
- Nombre de consultations des jeux de données ;
- Part des consultations provenant du territoire qui a ouvert les données ;
- Part de la population cible ayant eu connaissance de l'offre de données, ayant consulté le site, l'ayant évalué positivement ;
- Résultats d'enquête en ligne sur la perception de l'initiative et de son effet sur la transparence perçue par les habitants.[116]

• Objectif « favoriser une image d'innovateur pour le territoire » :
- Évaluation des retombées presse : nombre, diversité, qualité et audience des supports ayant parlé de l'initiative ;
- Évaluation de la thématique open data associée au territoire sur les réseaux et médias sociaux ;
- Enquête qualitative sur la notoriété spontanée du territoire lorsque l'on parle du thème open data.

• Objectif « favoriser le dynamisme économique des entreprises locales » :
- Nombre d'entreprises participant au concours ou ayant proposé des réutilisations ;
- Part de ces entreprises qui appartiennent au territoire ;
- Enquête qualitative sur la connaissance de l'initiative, son évaluation et l'impact perçu par les entreprises locales ;
- Suivi longitudinal des entreprises ayant participé au concours (développement, création d'activité et d'emplois).

116. Le Pew Research Center's Internet a mené, aux États-Unis, une enquête qui démontre ce lien : http://gov20.govfresh.com.

4- Le guide du réutilisateur débutant

Les données ouvertes ne sont pas uniquement destinées aux développeurs d'applications et aux journalistes de données. Comment un réutilisateur « débutant », qui ne possède pas de compétences techniques particulières, peut-il s'en emparer et produire des premières analyses ? Quelles sont les étapes pour mener à terme un tel projet ? Ce quatrième point propose une méthode pratique et illustrée d'un exemple très simple.

On recense quatre temps principaux dans les projets de réutilisation :

- La définition des objectifs et de la problématique ;
- Le premier recensement des données disponibles et l'appréhension des éléments de contexte ;
- Le traitement des données et le raffinement des objectifs initiaux ;
- Le choix des modes de représentation des résultats.

• La première étape consiste à expliciter la question et l'objet de la recherche. On parle à ce stade d'objectifs « absolus » dans la mesure où une démarche de réutilisation se révèle nécessairement itérative. En fonction de la disponibilité des données et de la compréhension progressive du sujet, on sera amené à raffiner ou modifier les ambitions initiales. On identifie dès cette étape les jeux de données dont on pourrait avoir besoin.

Un exemple simple : la popularité d'un prénom

Le jeu de données concernant les prénoms reste très simple à maîtriser, il sert donc de base à notre exemple pour illustrer concrètement une démarche de réutilisation.

Mon premier enfant est né en 2008 à Rennes. Il s'appelle Nathan. L'année de sa naissance, ce prénom figurait parmi les dix premiers au niveau national. À partir des données ouvertes par les villes de Paris, Nantes et Rennes, peut-on déterminer dans laquelle de ces trois villes le prénom Nathan a-t-il été le plus populaire cette année-là ?

La question étant posée, on va donc rechercher des fichiers comportant le nombre d'occurrences du prénom Nathan, pour l'année 2008 et pour chacune des trois villes.

• La seconde étape consiste à localiser et recenser les premières sources de données disponibles en utilisant :

- Directement sur les portails open data des trois collectivités ;
- Via le site gouvernemental data.gouv.fr ;
- Via des catalogues de données tiers du type datapublica.fr ;
- En consultant un moteur de recherche généraliste comme Google.

Au cours de cette phase, on est amené à identifier des éléments de compréhension du contexte. Parfois, il est nécessaire de faire appel à des tierces personnes pour y voir plus clair dans les jeux de données et leurs éventuelles limites.

Suite de l'exemple :
les données et le contexte

Les portails parisiens et nantais proposent tous deux des jeux de données concernant les prénoms. Nantes propose des données pour la période de 2001 à 2011 et Paris pour la période 2004 à 2010. Une rapide comparaison entre les deux fichiers montre une différence d'approche : Paris propose une liste de prénoms en ne précisant pas le sexe de l'enfant, alors que Nantes décline des résultats par genre. Or tous les prénoms ne permettent pas de deviner le sexe de l'enfant : Camille (dans le top 20 des prénoms parisiens) est-il un petit garçon ou une petite fille ?
Une analyse de la description des fichiers apprend par ailleurs que, pour respecter les préconisations de la Cnil sur le respect de la vie privée, les prénoms qui ont été attribués moins de six fois ne figurent pas dans les données publiques.
Un premier recensement fournit les éléments suivants : pour l'année 2008, 53 garçons nés à Nantes et 159 Parisiens portent le prénom qui nous intéresse.
Le portail open data de la ville de Rennes ne propose aucun jeu de données concernant la popularité des prénoms. Par contre, le site d'information municipal rennes.fr propose chaque année un article sur les prénoms les plus populaires, ainsi qu'un accès à la base de données des prénoms. On identifie ainsi, parmi les petits rennais nés en 2008, 35 Nathan.

• La troisième étape consiste à effectuer un premier traitement à partir des données récupérées afin de pouvoir identifier les jeux de données qui manquent pour l'analyse, et d'affiner les objectifs de la recherche en fonction des contraintes identifiées.

Il s'agit donc bien de mener une démarche itérative, puisque l'on revient, à ce stade, à la première phase du projet.

Suite de l'exemple :
recherche de données complémentaires

Notre objectif de recherche était de déterminer dans quelle ville (parmi Paris, Nantes et Rennes) le prénom Nathan se révèle « le plus populaire ». Il y a deux manières de mesurer la popularité, en identifiant le rang dans le classement des prénoms (ex. Top 10) ou en mesurant la part des enfants nés qui portent ledit prénom. Ce second indicateur est plus précis que le premier.
Bien évidemment le fait qu'il y ait, pour l'année 2008, 159 petits Nathan à Paris et 35 à Rennes ne signifie pas que le prénom est plus populaire dans la capitale de la France que dans la capitale bretonne.
Il faut donc identifier le nombre total de naissances, déclarées à l'état civil, pour chacune des villes. On ne peut pas obtenir cette information à partir de la liste des prénoms, car le fichier ne contient pas toutes les naissances – les prénoms donnés moins de six fois n'apparaissant pas[117].
Une consultation du site de l'INSEE permet d'identifier un jeu de données correspondant aux naissances survenues dans la ville du domicile de la mère.
Cette dernière précision est importante : un enfant dont la mère accouche dans une maternité parisienne, mais qui réside à Vanves (Hauts-de-Seine) ne sera pas comptabilisé comme étant né à Paris par l'INSEE. Par contre, le prénom de son enfant sera, lui, enregistré dans la capitale, son lieu de naissance.
On ne peut donc pas mesurer le pourcentage des enfants portant un prénom donné, car la base de calcul (lieu de naissance *vs* domicile de la mère) n'est pas identique.

117. Cela correspond au secret statistique : il ne faut pas permettre de relier un prénom rare à une personne en particulier.

• La quatrième et ultime étape consiste à choisir les outils de visualisation ou de représentation des résultats. Dans ce domaine, il faut se garder de deux tentations[118] qui peuvent être d'avoir systématiquement recours aux représentations proposées par défaut par le logiciel Excel, en particulier les « camemberts », et de vouloir à tout prix introduire des éléments graphiques concernant le sujet, mais qui relèvent au final davantage de l'ornement que de l'explication.

Fin de l'exemple :
présentation des résultats

Faute de disposer de données suffisantes, on retient comme mesure de la popularité les classements des prénoms de l'année 2008, pour chacune des trois villes de notre étude.
Selon ce critère imparfait, le prénom Nathan arrive en 4e position de popularité à Nantes, en 9e position à Rennes et en 13e position à Paris, pour les garçons nés en 2008.
Comment représenter ces données ? La présentation, côte à côte, des résultats pour chacune des villes est sans doute l'un des modes les plus simples. On s'abstient de réaliser un « camembert » dont le total correspondrait aux naissances cumulées dans les trois villes. De même, afficher les données sur un fond cartographique ne semble pas pertinent. Enfin, il n'est pas absolument nécessaire de faire apparaître un berceau ou de prendre la couleur bleue (pour les garçons !) comme teinte dominante.

La recherche sur la popularité des prénoms était *a priori* facile. Pourtant, elle amène à poser de nombreuses questions, sur la disponibilité des données, les bases de calcul,

118. Le lecteur peut se reporter aux ouvrages d'Edward Tufte, dont *The Visual Display of Quantitative Information*, Graphics press, 2e éd., 2001.

la compréhension du contexte. Ces interrogations sont assez représentatives de celles que l'on peut rencontrer dans tout projet de réutilisation de données ouvertes.

Deux projets récents – et moins simpliste que l'exemple des prénoms – ont fait l'objet de comptes-rendus détaillés, montrant bien la démarche et les difficultés concrètes :

- « Nantes en gris et vert », projet de visualisation de l'étalement urbain[119] ;
- « La représentation de la donnée financière associative » par l'association Bug à Rennes[120].

119. *Cf.* http://actionsopendata.org.
120. *Cf.* http://blog.asso-bug.org.

Chapitre 4

Demain, l'open data

L'open data des acteurs publics, tel qu'il est notamment défini par le cadre juridique national et européen, possède des frontières bien établies (pas de données personnelles, un acteur public producteur et détenteur de la donnée). Ce quatrième chapitre explore les nouveaux champs de l'open data, des limites aux extensions du concept original, c'est-à-dire les données produites, coproduites ou améliorées par les utilisateurs eux-mêmes (le *crowdsourcing*) ; les données produites par des entreprises ; et les données à caractère personnel et nominatif.

Ces trois éléments font déjà évoluer le concept même d'open data, et c'est en partie à ces frontières que se joue l'avenir de l'ouverture des données. On quitte un modèle où l'acteur public reste le seul détenteur et producteur de la donnée pour approcher une situation où les producteurs de données sont multiples (les utilisateurs, les entreprises, etc.), et où le type même de données concernées par l'ouverture s'élargit (en incluant les données personnelles).

1- Tous producteurs de données

Le crowdsourcing, que l'on traduit par « l'approvisionnement par la foule », ou l'externalisation ouverte, est un modèle où les utilisateurs finaux d'un service contribuent eux-mêmes à la production. Cette notion s'avère étroitement liée à l'émergence du web 2.0 et à un « retour aux sources » de l'internet. Dans cette vision, la frontière entre le « producteur » et le « consommateur » d'un contenu ou d'une donnée ne reste pas étanche.

L'idée selon laquelle « nous sommes tous producteurs de données » a été popularisée dans le domaine de la cartographie contributive avec l'initiative d'OpenStreetMap (OSM). Aujourd'hui le crowdsourcing s'étend à plusieurs autres thématiques, permettant par exemple à des utilisateurs de recréer *ex nihilo* une base de données d'horaires de bus que l'exploitant ou la collectivité ne souhaite pas ouvrir, voire qu'il ne possède pas.

L'enjeu pour l'open data est fort : il s'agit notamment de comprendre comment l'utilisateur final peut produire, coproduire ou améliorer les données en lien avec les acteurs publics et privés. Le rôle du détenteur, déjà impacté par l'open data, s'en trouve une nouvelle fois modifié.

a) Les niveaux de contribution

L'utilisateur peut contribuer sous plusieurs formes, reflétant la diversité des niveaux d'engagement. Il peut par exemple :

- Annoter, commenter, signaler une erreur sur un contenu ou une donnée publiée ;
- Participer à l'amélioration des jeux en proposant lui-même une correction (au-delà du signalement) ;
- Coproduire, en ajoutant un élément à un jeu détenu par un acteur public ou privé ;
- Produire, seul ou en groupe, une donnée nouvelle dont il assure, lui-même ou avec des tiers, la maintenance et la diffusion ;

On voit ainsi émerger, aux côtés des modèles contributifs « purs », comme l'encyclopédie participative Wikipédia ou la cartographie OSM, des modèles « mixtes » où les utilisateurs interagissent avec des acteurs privés et, plus rarement à ce jour, des acteurs publics.

• **Le premier niveau** de contribution est déjà mis en œuvre sur certaines plateformes open data : les réutilisateurs peuvent parfois voter pour un jeu de données (*cf.* Paris Data) ou le commenter.

Ces avis et notations constituent une forme d'enrichissement de la donnée, bien qu'ils n'interviennent pas sur son contenu lui-même. Un commentaire laissé par un premier réutilisateur permet au suivant de percevoir plus rapidement l'intérêt et les limites d'un fichier. Par exemple celui concernant les prénoms les plus populaires à Paris fait-il l'objet de plusieurs remarques ? – dont le fait, mentionné plus haut, que le fichier ne distingue pas les prénoms masculins et féminins.

Les généannoteurs,
le crowdsourcing au service de l'information publique

Les archives municipales de Rennes (archives.rennes.fr) ont lancé en 2005 un programme d'indexation coopérative des actes de naissance de 1820 à 1880. Les « généannoteurs » volontaires ont pu se connecter sur le site et annoter les documents numérisés, chaque internaute étant responsable d'une période. La première phase du projet a vu la participation de 75 bénévoles (dont 41 Bretons) qui ont ainsi recensé plus de 100 000 patronymes[121].

On offre plus rarement la possibilité de signaler explicitement une erreur sur un jeu de données. Il s'agit sans doute d'une question de conception de la puissance publique : proposer de signaler une erreur signifie aussi que l'on reconnaît que le fichier en contient ! De manière identique, on mentionne rarement le taux d'erreurs des données ouvertes, même quand celui-ci est connu des détenteurs.

La plateforme gouvernementale data.gouv.fr, par exemple, ne propose pas, fin 2011, de moyen de signaler une erreur, ni même d'ailleurs d'autres moyens de contacter facilement les détenteurs de données que via une adresse email. Le collectif Regards Citoyens a développé la plateforme debug-data-gouv.fr pour pallier cette absence.

121. *Cf.* www.generationcyb.net.

Le signalement d'erreurs : un exemple concret

Dans le cadre du concours Rennes Métropole en accès libre, des ateliers ont été organisés à la Cantine numérique rennaise.

Ces rencontres ont instauré un dialogue direct entre les détenteurs de données (les services de la ville et de la métropole, l'exploitant du réseau de transport Keolis Rennes) et les réutilisateurs.

Les échanges en face à face ont permis aux développeurs de poser des questions ou d'exprimer leurs souhaits sur de nouveaux jeux de données. Ils ont pu aussi signaler des erreurs dans les jeux de données, en particulier celui concernant la localisation des stations de vélo en libre-service.

En effet, les données ouvertes correspondaient au plan d'implantation des stations. Au moment des travaux (quelques mois à peine avant le lancement de la démarche open data), les stations n'ont pas toujours été installées exactement à l'emplacement prévu en raison des conditions rencontrées sur le terrain. Ainsi, une station peut se situer physiquement à quelques dizaines de mètres, au maximum, de sa position indiquée dans le fichier. Les participants ont pu ainsi signaler ces erreurs aux services détenteurs de la donnée et parfois proposer une correction. Ceux qui pratiquent l'open data insistent d'ailleurs sur l'amélioration de la qualité des données comme un bénéfice majeur de la donnée, au même titre que le développement de nouvelles applications.

Ces rencontres individuelles en face à face visent aussi à instaurer un climat de confiance entre les acteurs de la démarche. Signaler une erreur sur le positionnement d'une station ne signifie pas dénoncer l'incurie de la puissance publique. Le développeur peut lui aussi comprendre les conditions de la production de la donnée, qui explique largement dans le cas précis le taux d'erreur rencontré.

• **Le second niveau** de participation consiste à permettre à l'utilisateur de proposer une correction sur un jeu de données publié. Les exemples en ce sens sont bien répandus dans le cadre d'initiatives auto-organisées (comme Wikipédia ou OSM). Les entreprises privées du web savent aussi solliciter leurs usagers pour corriger une donnée, à l'instar de Google qui demande aux internautes de signaler une erreur sur son service Google Maps.

Là où les éditeurs de services web savent bien utiliser cet effet de levier pour perfectionner un service, une information ou un contenu, force est de constater que les acteurs publics n'y ont pas encore recours. Ils se privent sans doute d'un moyen d'action efficace et relativement peu coûteux.

Pour qu'un internaute puisse contribuer de manière précise, il faut qu'il dispose d'outils adaptés. L'exemple des améliorations de la base de données des transports britanniques NaPTAN reste une exception. Le signalement (et la correction) de 18 000 erreurs sur le répertoire des 360 000 points d'arrêts de bus du pays a pu être facilité par la mise en place d'une interface graphique très simple à partir d'OpenStreetMap.

• **Le troisième niveau** consiste, pour les utilisateurs, à participer à la coproduction d'une donnée en collaboration avec des acteurs publics ou privés.

Les fonctions de production, de gestion et/ou de maintenance de la donnée sont en partie réalisées par des utilisateurs, sous le pilotage de l'éditeur du service.

La ville de Plouarzel et la cartographie collaborative

Cette ville du Finistère a choisi, dès 2009, de mettre à disposition ses données géographiques sur OpenStreetMap. À l'occasion de « carto-parties » organisées par le centre multimédia, les habitants ont été invités à enrichir la carte qui regroupe désormais de nombreux points d'intérêt. Elle sert aujourd'hui de base de référence à l'office du tourisme et est librement consultable en ligne[122].

Deux exemples issus du secteur privé permettent d'illustrer un modèle de contribution mixte. Le site les-horaires.fr recense les horaires d'ouverture des commerces et des services de proximité. Une partie des informations a été collectée par les éditeurs du site eux-mêmes. Ils invitent aussi les utilisateurs à signaler les changements et à enrichir la base en proposant de nouveaux points d'intérêt. Chaque mois, près de 1 500 services de proximité, avec leurs horaires, sont proposés par des internautes utilisateurs. La tâche de gestion, de modération et de publication reste, quant à elle, prise en charge par l'éditeur du site.

Des sites spécialisés, par exemple FlightRadar 24 ou OpenSkyMap proposent aux curieux de suivre en temps réel les mouvements des avions qui assurent des vols commerciaux. Chaque aéronef de conception récente émet, via son transpondeur, des informations concernant notamment la vitesse, l'altitude et le cap poursuivi. Le transpondeur peut aussi diffuser des informations pour signaler un incident (un problème radio, ou même un détournement).

Pour capter ces messages, il faut se munir d'un décodeur que l'on trouve dans le commerce pour quelques centaines d'euros. Les éditeurs des sites font appel à des amateurs basés

122. *Cf.* http://wiki.openstreetmap.org/wiki/Plouarzel.

dans plusieurs points du territoire pour couvrir un pays. On retrouve là un modèle où les utilisateurs peuvent contribuer à la collecte de la donnée plutôt qu'à sa production *stricto sensu*.

Le crowdsourcing permet en outre de créer une donnée publique qui n'existe pas ou que l'autorité qui la détient ne souhaite pas ouvrir. Il existe plusieurs exemples dans le domaine des transports et de la mobilité, en particulier aux États-Unis, mais aussi en France[123].

Next Train et Tiramisu

L'application Next Train propose aux usagers du métro new yorkais des informations en temps réel sur l'horaire de passage du prochain métro. Le fonctionnement est basé sur un crowdsourcing « passif », qui ne requiert pas d'action particulière de la part des utilisateurs. Les smartphones transmettent, de manière anonyme, leur position (récupérée à partir de l'identification des antennes relais du réseau mobile GSM).
L'une des limites de cette solution reste la taille critique nécessaire pour garantir la fiabilité du message délivré : la qualité dépend du nombre d'utilisateurs de l'application.
Pour dépasser cette contrainte initiale, l'université Carnegie Mellon de Pittsburgh a développé l'application Tiramisu. Elle fonctionne de manière identique à Next Train mais s'appuie aussi sur des données historiques collectées – en l'occurrence l'état du trafic enregistré sur le même parcours un jour comparable – pour fournir une information aux utilisateurs. Les développeurs de Tiramisu ciblent les collectivités et les exploitants de réseaux de transport qui n'ont pas les moyens d'équiper leurs véhicules d'un système de géolocalisation automatisé.

123. Voir par exemple le projet PUMDP de collecte de données piétons et vélos, sur www.reseaufing.org.

b) Le croisement entre données publiques et crowdsourcing

On a vu que le modèle contributif basé sur le crowdsourcing est déjà largement mis en œuvre sur internet. La plupart des exemples cités sont issus de la sphère collaborative non marchande (Wikipédia, OSM) ou du secteur marchand. Les acteurs publics semblent moins enclins à s'ouvrir à la contribution directe des utilisateurs, en particulier dans un mode de coproduction de la donnée publique.

Le crowdsourcing soulève de nombreuses interrogations pour l'acteur public : à qui appartient l'information ainsi coproduite ? Comment s'assurer que la donnée générée par les utilisateurs répond au même niveau d'exigence de qualité et de fiabilité alors qu'on ne maîtrise pas son processus de création ?

Pour l'acteur public ou privé qui souhaite tirer parti de la capacité contributive des utilisateurs finaux, il est important de mettre en place un ensemble de règles et de garanties pour que la collaboration soit efficace.

La question des licences juridiques s'avère un élément clé. Les licences ouvertes, et en particulier ODbL (incluant une obligation de partage à l'identique) permettent d'assurer que les contributions des utilisateurs ne seront pas accaparées, comme ce fut par exemple le cas dans l'exemple de CDDB. Quel que soit le choix retenu, chacun doit avoir clairement conscience du devenir juridique des données qu'il propose.

À qui appartient la donnée coproduite : l'exemple de CDDB

Créée en 1993 par un développeur indépendant, la base de données CDDB (Compact Disc Data Base) contient des informations sur chaque titre de CD : l'auteur, le compositeur, l'année et le genre. Cette base a été rapidement utilisée par les logiciels d'extraction de CD et de compression MP3 (par exemple Winamp ou iTunes) pour compléter automatiquement les éléments manquants dès qu'un usager copiait un morceau.

CDDB a été depuis alimenté bénévolement par des milliers d'internautes amateurs. La base CDDB a été revendue en 1998. Elle appartient aujourd'hui à Sony, l'un des principaux acteurs de l'industrie musicale. Dès l'année 2001, l'accès à CDDB a été restreint aux seuls logiciels qui s'acquittaient d'une redevance auprès des nouveaux propriétaires de la base. Comme le souligne Valérie Peugeot : « C'en était fini de ce bien commun de la musique, constitué collectivement par tous les usagers et finalement accaparé par une unique entreprise.[124] »

La question de la fiabilisation de la donnée coproduite reste l'autre motif principal de préoccupation. Que se passe-t-il, par exemple, si un usager signale via une application mobile une perturbation sur une ligne de transport, mais qu'il se trompe de numéro ? Ou si un riverain, souhaitant décourager les automobilistes de passer devant son domicile, indique d'importants travaux imaginaires ?

Les services basés sur la contribution sont depuis longtemps maintenant confrontés à ces enjeux. Il est intéressant de comprendre les mécanismes et les procédures qu'ils ont mis en place pour y répondre.

124. Valérie Peugeot, « Le web des données laisse-t-il une place au bien commun ? » dans l'ouvrage collectif *Libres Savoirs*, C&F Éditions, mai 2011.

• **Le premier élément** concerne la diversité des contributions et de ceux qui les proposent. Dans les mois qui ont suivi la catastrophe nucléaire de Fukushima, plus de 2 500 flux de données mesurant la radioactivité de l'air ont été mis en ligne sur le site Pachube. Parmi ces 2 500 flux, une majorité provient de sources officielles (les réseaux de stations de mesure de la radioactivité, au Japon, mais aussi en Europe), mais certains proviennent de contributeurs individuels qui possèdent leur propre compteur Geiger.

L'intégration de ces sources non officielles a soulevé des interrogations : comment garantir que la mesure de la radioactivité est fiable si l'on ne s'assure pas, par exemple, du bon calibrage de l'appareil de mesure utilisé[125] ? La réponse repose précisément sur le nombre et la diversité des contributions. Disposer d'un grand nombre de mesures permet d'identifier plus facilement celles dont les résultats se révèlent hors-normes. On peut ainsi exclure ces sources ou, à tout le moins, leur accorder une importance moins forte que les autres[126].

• **Le second élément** de fiabilisation de la donnée concerne le contributeur lui-même. La plupart des sites collaboratifs nécessitent une inscription préalable avant toute modification d'un contenu ou d'une donnée.

Cet enregistrement est essentiel, car outre l'identification de l'utilisateur il donne d'autres éléments importants d'évaluation :

125. *Cf.* http://blog.pachube.com.

126. En France, dès 2009, le projet la « Montre Verte / City Pulse » porté notamment par la Fing traitait de ces questions de mesures de données environnementales. *Cf.* Fabien Eychenne, *La Ville 2.0, complexe et familière*, FYP Éditions, 2008 et Daniel Kaplan et Thierry Marcou, *La Ville 2.0, plateforme d'innovation ouverte*, FYP Éditions, 2009.

- Depuis quand l'utilisateur est-il inscrit ?
- Combien de contributions a-t-il proposées ?
- Quelle a été la qualité des contributions précédentes ?

Un utilisateur régulier et jugé positivement par ses pairs se voit attribuer un *a priori* de fiabilité plus important qu'un contributeur novice. Cela, combiné avec d'autres facteurs (notamment le type et l'ampleur de la modification) permettent d'identifier rapidement les éléments qui sont susceptibles de poser problème.

Au final, l'approche mise en place n'est pas si éloignée de n'importe quelle démarche d'évaluation de la crédibilité d'une source d'information. Qui parle ? Dans quel but ? À quel moment ? Quelles sont les sources utilisées, sont-elles citées ?

Mixer l'information des usagers et d'un opérateur d'autoroutes

L'application mobile (iPhone et Android) développée par Vinci Autoroutes offre à ses utilisateurs des informations géolocalisées concernant leur parcours : localisation des stations et aires de services, information en temps réel sur les accidents, les bouchons, les alertes météo.

Depuis septembre 2011, l'application intègre une fonction de signalement communautaire : les usagers peuvent à la fois signaler un événement sur l'autoroute empruntée et réagir à l'information publiée (en la confirmant ou l'infirmant).

2- L'open data des entreprises (la donnée privée)

Les acteurs publics sont directement concernés par l'ouverture des données, au premier chef en raison des textes juridiques nationaux et européens. Les entreprises ne restent pourtant pas étrangères au mouvement open data, au-delà même des sociétés du web qui ont pratiqué très tôt la « demi-ouverture » des API[127].

a) Big data ou open data ?

Il est parfois difficile d'imaginer le volume d'informations gérées aujourd'hui par les entreprises. Une comparaison peut y aider. La bibliothèque du Congrès américain (US Library of Congress) est l'une des plus importantes au monde. Elle possède aujourd'hui près de 235 téraoctets[128] de données enregistrées sur ses disques durs – ce qui semble considérable.

Le cabinet d'études McKinsey[129] a étudié le volume des données enregistrées par les entreprises de plus de 1 000 salariés dans les 17 principaux secteurs d'activité de l'économie américaine en 2009. Les résultats impressionnent : dans la quasi-totalité des domaines, chaque société stocke en moyenne plus de 200 téraoctets de données, soit un volume comparable à celui de la bibliothèque du Congrès américain. D'après les évaluations de McKinsey, ce volume progresse de près de 40 % chaque année.

127. *Cf.* chapitre 1.

128. Un téraoctet représente 10 puissance 12 soit un billion, c'est-à-dire mille milliads. Le préfixe provient du grec « tera », qui signifie « monstre ».

129. Étude McKinsey Global Institute, mai 2001, disponible sur www.mckinsey.com.

Ce phénomène de déluge de données est souvent qualifié par le terme de « big data ». On y désigne une situation où le volume de données est tel qu'il n'est pas manipulable par les outils classiques de stockage, de traitement et d'analyse de bases de données. D'où viennent ces données ? Il faut garder à l'esprit que chaque transaction de la vie quotidienne donne lieu à une manipulation informatique et à la création d'un enregistrement : emprunter le bus ou le métro à l'aide d'une carte sans contact (comme la carte Navigo en région parisienne), payer un achat avec une carte bancaire, passer un appel avec son téléphone mobile, etc. Toutes ces actions sont enregistrées dans des bases de données. L'un des enjeux du big data reste de comprendre comment une analyse de ces informations peut améliorer la performance, la qualité du service rendu ou la rentabilité.

Simon Rogers, journaliste du *Guardian* et auteur du Datablog, explique concrètement comment l'opérateur Vodafone exploite ce déluge d'informations[130]. La compagnie gère 90 millions d'appels et 80 millions de messages textes (SMS) par jour. Près de 45 téraoctets de données circulent quotidiennement sur le réseau de Vodafone au Royaume-Uni. Le centre de contrôle de l'opérateur dispose d'une vision en temps réel de tous les événements : le trafic entrant et sortant, le nombre de messages envoyés et les pics de consommation (par exemple la nuit de la Saint-Sylvestre).

Les données sont utilisées pour piloter l'activité. Ainsi, on mesure le nombre de factures qui sont adressées par voie électronique aux clients, heure par heure. Certains destinataires vont ouvrir le mail, vérifier la facture, et pour certains d'entre eux, appeler le service clients pour obtenir des infor-

130. Simon Rogers, « Facts are sacred : the power of data », *Guardian*, Short Series, 2012, disponible au format eBook et Kindle.

mations complémentaires. Le centre dispose d'une vision sur le temps d'attente pour joindre un interlocuteur. Si celui-ci dépasse un certain seuil, alors on réduit le nombre de factures envoyées par heure. On voit dans cet exemple tout l'intérêt d'un pilotage de l'activité par les données.

Il ne faut pas confondre big data et open data, même si leur objet (la donnée) reste identique. Le premier terme insiste sur le volume (ses enjeux, ses potentiels), le second sur le processus d'ouverture et de partage.

b) Le double rôle des entreprises

Vis-à-vis de l'open data, les entreprises possèdent un double rôle. Elles sont à la fois utilisatrices des données ouvertes par les acteurs publics et « fournisseurs » potentiels de leurs propres informations.

Le cabinet Bluenove a publié en septembre 2011 l'enquête « Open Data : quels enjeux et opportunités pour les entreprises ? ». Cette étude[131] a permis de mesurer la compréhension du concept par le secteur privé.

Ainsi, concernant les données ouvertes que les entreprises souhaitent réutiliser, figurent les données économiques et commerciales, les données géographiques et celles concernant les transports. On en imagine l'usage : il s'agit d'optimiser les offres existantes, d'en construire de nouvelles, d'améliorer la performance. En tant qu'utilisatrice, l'entreprise aurait donc tendance à se concentrer sur une réutilisation spécialisée[132]. La donnée ouverte reste un « intrant » dans un processus d'analyse ou de décision.

---

131. Le livre blanc est téléchargeable sur www.bluenove.com.

132. *Cf.* les quatre classes de réutilisation décrites au chapitre 1 de cet ouvrage.

Quant à la société comme détenteur de données « ouvrables », il convient de distinguer le domaine d'activité dans lequel elle intervient. Les premières entreprises impactées sont celles qui opèrent dans le champ des services aux collectivités[133] : les transports, les déchets, l'environnement, etc. La délégation de service public entre déjà dans le champ de la loi Cada de 1978.

La pression en faveur de l'open data demeure de même assez forte sur les acteurs économiques au statut d'EPIC (établissement public à caractère industriel et commercial), notamment comme la RATP et la SNCF, auquel la loi réserve un traitement particulier.

La SNCF et l'open data

La SNCF a publié des premiers jeux de données au lancement du portail gouvernemental data.gouv.fr. Plus important, elle a initié une plateforme de débats autour du sujet (data.sncf.com) pour commencer à échanger avec les acteurs de l'écosystème. Les discussions portent sur la liste des données à ouvrir, les modèles économiques, des idées d'application ou de service. On peut dire en ce sens qu'elle aborde l'open data par l'angle de l'innovation ouverte (*open innovation*).

c) Un périmètre d'ouverture à définir

L'entreprise doit avant tout définir le périmètre de l'ouverture qu'elle souhaite mener, en particulier : Quelles données ouvrir ? Avec qui les partager ? Comment les ouvrir, et avec quel modèle de mise à disposition et de tarification ? Pourquoi ?

133. En langue anglaise on parle du secteur des « utilities ».

De prime abord, les questions sont identiques pour les secteurs privés et publics. En réalité, les deux approches se distinguent par le contexte juridique qui s'applique. Il n'y a pas d'obligation pour les entreprises de mettre à disposition leurs données, hormis quelques exceptions précises[134]. La démarche doit être d'autant plus volontariste pour les acteurs privés.

Enel : l'argument de la transparence

Le groupe italien Enel est le premier producteur d'électricité du pays et l'une des premières entreprises à proposer son propre portail open data. Il est géré par l'entité Enel Sharing, en charge de la stratégie du groupe sur les médias sociaux. Le portail propose les données financières et celles concernant le développement durable.

Concernant les éléments « ouvrables » en priorité on peut identifier :

- Les données environnementales[135] ;
- Les données géographiques et de localisation[136] ;
- Les données issues de l'exploitation.

Certaines informations peuvent être mises à disposition d'un ensemble de partenaires bien identifiés, en particulier celles concernant les marchés ou les clients. On retrouve ici la logique qui a précédé à la mise en place des systèmes d'échange de données informatisées (EDI).

Concernant les modes de disposition et de tarification, l'entreprise a plusieurs choix, d'ailleurs pas exclusifs l'un de l'autre :

134. En particulier les données financières, mais aussi environnementales et sociales.

135. L'étude Bluenove BVA cite d'ailleurs les données environnementales comme le premier type de données que les entreprises interrogées souhaitent ouvrir.

136. La localisation des points de vente, par exemple.

- L'ouverture en mode open data : des informations ouvertes à tous les réutilisateurs, avec des licences ouvertes, le plus souvent gratuitement (mais pas exclusivement, *cf.* le point suivant) ;

- La demi-ouverture de l'API : offrir un accès aux données (et non les données elles-mêmes), à l'ensemble des réutilisateurs, moyennant éventuellement le versement de redevances en fonction de l'utilisation ;

- La semi-ouverture : fournir un accès limité à quelques partenaires extérieurs à l'entreprise et bien identifiés, sur le modèle de l'échange de données informatisé (EDI).

À propos des modèles économiques, l'acteur privé reste libre de tarifer ses données comme il l'entend. Cependant, il faut se rappeler que, si l'on recherche la création d'une dynamique de réutilisation par le plus grand nombre, la gratuité de certaines données (par exemple la localisation des points d'intérêt ou des équipements) peut être une option pertinente.

Il existe plusieurs modes de facturation des données et de leur accès. Certaines peuvent être vendues, notamment à travers des « boutiques de données » (*data store*).

L'accès, en particulier sous forme d'API, peut être tarifé selon plusieurs critères[137] :

- Le volume : en appliquant des paliers selon le nombre de requêtes par jour ou par mois, à l'instar du modèle mis en place par Google Maps. Cela permet à chacun d'implémenter le service, tout en ne facturant que les gros utilisateurs ;

- La granularité, la qualité ou la précision : par exemple en appliquant un tarif différent pour les données nationales ou départementales, agrégées ou détaillées ;

137. *Cf.* « Data as a service : pricing models for the future of data », article du 26/08/2010 disponible sur le blog ProgrammableWeb.com.

- Le caractère statique ou dynamique des informations : certains acteurs proposent gratuitement les éléments statiques, mais facturent ceux en temps réel (en particulier pour les transports).

Après le *greenwashing*[138], le *datawashing* ?

L'argument de transparence est aussi souvent utilisé par les acteurs privés que publics pour justifier leur démarche. Pour les entreprises, l'open data est parfois intégré dans le champ de la responsabilité sociale[139]. Publier dans un format numérique ouvert une donnée qui figure déjà dans les rapports d'activité ne peut pas rester la seule finalité de l'open data, au risque de s'adonner à une nouvelle forme de datawashing. On ne s'étonnera pas que les premiers acteurs à ouvrir une partie de leurs informations soient aussi ceux qui sont le plus régulièrement soumis à la critique, dans le domaine de l'énergie, de l'environnement ou des transports.

d) Les intermédiaires de la donnée

Face à la complexité de mise à disposition, de découverte et de traitement des données, de nouveaux acteurs se positionnent sur le marché comme intermédiaires.

Plusieurs sociétés ont conçu des portails permettant de publier des informations brutes, de faciliter leur mise en visibilité et de les facturer. En France, Data Publica référence de multiples jeux de données, majoritairement gratuits. Ils sont issus de plusieurs sources : l'INSEE, les ministères, les

138. Selon Wikipédia, le terme *greenwashing*, que l'on traduit par « écoblanchiment » consiste, pour une entreprise, à se donner une image écologiquement responsable par des actions de publicité ou de communication, sans réel rapport avec des actions concrètes en faveur de l'environnement.

139. La société Nike est l'une des premières aux États-Unis à mettre en place un programme d'open data dans ce domaine. Source : www.information-age.com.

catalogues open data de collectivité, etc. Le portail propose aussi quelques jeux payants, par exemple les évaluations des finances locales par l'agence de notation des collectivités (Public Evaluation System)[140].

La start-up finlandaise DataMarket propose des services similaires. Elle offre un accès à plusieurs milliers de jeux de données de fournisseurs différents (la Banque mondiale, l'ONU, Eurostat, des éditeurs professionnels comme *The Economist*, etc.). DataMarket a mis en place une tarification en fonction des services offerts (l'export, les alertes) et non pas selon le type de données accédées (sauf pour les sources des éditeurs professionnels).

Le second type d'intermédiaires se concentre sur la représentation et la visualisation de données. La société Dataveyes (dont la mission est de « raconter des histoires à partir des données ») en fait partie. Elle a notamment réalisé pour le compte du site de *L'Express* une visualisation interactive sur les coureurs cyclistes du Tour de France. On a vu émerger ces derniers mois un ensemble d'acteurs sur ce marché, par exemple Journalism++ ou WeDoData.

À l'avenir, le rôle de ces intermédiaires de la donnée devrait se révéler de plus en plus important, en particulier en raison de la multiplication des sources d'information (publiques ou privées) et des besoins croissants d'analyse et de représentation.

140. À titre d'exemple, le fichier comprenant l'évaluation de toutes les communes de plus de 10 000 habitants est facturé 500 euros. On peut acquérir les données pour une seule région au tarif de 50 euros.

3- La donnée personnelle, l'autre frontière de l'open data

Les données à caractère personnel sont clairement exclues du champ de l'open data tel qu'il se pratique aujourd'hui. Notre pays garde une longue tradition de protection de ce type d'informations, la relative notoriété de la loi informatique et liberté et de la Cnil en témoigne.

Il est important de noter que si cette frontière est très nettement marquée en France, la question des données personnelles est traitée de manière bien différente dans le monde anglo-saxon, berceau du concept d'open data.

De la transparence pour les gouvernants

La capitale du Royaume-Uni publie sur son site, dans un format réexploitable, la liste des remboursements de frais et des cadeaux (y compris les repas, billets d'avion, nuits d'hôtel) reçus par le maire, son équipe et les conseillers élus[141]. On peut aussi y retrouver toutes les déclarations de prise d'intérêt. La liste publiée se veut exhaustive et mentionne par exemple le fait que, le 8 juillet 2011, Boris Johnson, le premier magistrat de la ville, a reçu une boîte de M&Ms offerte par la société Mars Chocolate UK.

On comprend aisément ce qui guide la publication de tels éléments : la transparence affichée s'inscrit dans la tradition anglo-saxonne qui exige de « rendre des comptes » (*accountability*). On peut imaginer qu'une telle pratique, appliquée aux élus français, serait susceptible d'emporter l'adhésion de l'opinion. Mais l'open data, notamment aux États-Unis, va parfois plus loin dans la divulgation de données personnelles.

141. *Cf.* www.london.gov.uk/who-runs-london/mayor/boris-johnson.

> **À la transparence pour tous**
>
> La ville de Chicago est une pionnière en matière d'ouverture des données. Le maire actuel, Rahm Emanuel, fut l'un des proches conseillers d'Obama à la Maison-Blanche, et il a poursuivi la démarche open data engagée par son prédécesseur. Aujourd'hui, sur le site data.cityofchicago.com, le fichier le plus populaire concerne la liste complète de tous les employés de la ville, avec leur rémunération. On y trouve donc le salaire du maire, mais aussi celui de Marjorie Adams, 23 ans, employée de bibliothèque, et celui de tous ses collègues.

L'interprétation de la frontière entre donnée publique et donnée personnelle est alors la suivante : puisque les emplois de cette collectivité sont financés par le contribuable, il est normal de considérer que les données les concernant soient portées à la connaissance du public.

En réalité, la question de la frontière entre les unes et les autres se révèle centrale pour l'open data. On assiste aujourd'hui à un double mouvement, qui réclame à la fois une protection des données personnelles et, en même temps, leur ouverture. Kulveer Ranger, en charge du numérique pour la ville de Londres, évoque ainsi le cas du système de carte Oyster (équivalent du Passe Navigo à Paris). Au lancement de la carte, des garanties ont été apportées sur la collecte et le stockage des données personnelles liées aux déplacements. Maintenant, souligne le conseiller, il y a une demande des utilisateurs pour ouvrir ces données personnelles[142].

La frontière des données personnelles commence déjà à être dépassée précisément par la question de leur divulgation volontaire. Chacun doit pouvoir accéder aux informa-

142. Le mouvement de « self-tracking » et du « quantified self » n'est pas étranger à cette évolution. *Cf.* sur le sujet *Le Guide du Quantified Self*, FYP Éditions, à paraître en 2012.

tions qui le concernent et éventuellement décider de les partager avec des tiers (individus ou entreprises). On retrouve ici les termes du débat déjà à l'œuvre sur le respect de la vie privée sur internet ; l'internaute est aujourd'hui prêt à échanger un peu de ses données personnelles contre des services, comme il le fait d'ailleurs déjà quotidiennement avec les services de Facebook, de Google ou de LinkedIn.

Le projet MiData[143], dont le pilotage a été confié à Nigel Shadbolt (l'un des pères du portail data.gov.uk) est emblématique de cet enjeu. Une vingtaine de grandes entreprises issues de différents secteurs (banque, énergie, télécommunications, distribution, etc.) se sont engagées à proposer à leurs clients un accès aux données les concernant. Il ne s'agit pas seulement de fournir les factures et les historiques sous un format facilement réexploitable. MiData s'intéresse aussi à toutes les traces liées aux transactions de la vie quotidienne.

Le gouvernement britannique soutient ce projet de « capacitation » des clients (*consumer empowerment*). Ils auraient ainsi accès aux données les concernant pour mesurer leur consommation et seraient en mesure de faire de meilleurs choix ; un abonné d'un opérateur mobile qui connaît son usage réel est plus à même de choisir le forfait qui correspond réellement à son besoin. MiData vise aussi à encourager, sur le modèle de l'open data public, la création par des tiers d'applications et de services susceptibles d'aider le consommateur. En un mot, d'offrir aux individus les mêmes outils et les mêmes informations que les entreprises dont ils sont clients. La Fing porte en 2012 un projet similaire en France, nommé « Mes Infos ».

143. « Better choices, better deals », rapport du gouvernement britannique, disponible sur www.bis.gov.uk, pour une présentation enthousiaste du projet, *cf.* l'éditorial de Daniel Kaplan du 20/09/2011 sur *InternetActu*.

La donnée personnelle pourrait donc bien intégrer à terme le champ de l'open data dont elle semble aujourd'hui exclue en France. Sur ce sujet, les mentalités évoluent peut-être plus vite que la loi. Cette intégration se décline en plusieurs étapes : offrir à un individu un accès aux données le concernant, puis lui permettre de les partager avec des tiers. La troisième étape pourrait être la constitution d'une place de marché des données personnelles. C'est un futur possible, mais est-ce pour autant un futur souhaitable ?

Les données anonymisées

Certains jeux de données (en particulier les plus sensibles, concernant la santé par exemple) peuvent être anonymisés afin d'en permettre la publication. La question de l'anonymisation reste complexe, notamment au regard de la protection de la vie privée. « Nous devons nous demander quelles données peuvent être reliées à un individu, à quel prix, quel est l'effort nécessaire, dans quel objectif, avec quelle probabilité, avant que nous puissions commencer à porter un jugement sur cette question », peut-on lire dans un rapport rendu au cabinet du Premier ministre britannique[144]. L'enjeu est de s'assurer que les techniques de dé-anonymisation ne permettent pas d'identifier les individus concernés. Le rapport évoque notamment le cas d'un fichier publié en 2006 par un fournisseur d'accès américain. AOL a mis à disposition des chercheurs une base de données pseudo-anonymisées comprenant 20 millions de requêtes effectuées sur un moteur de recherche, pendant trois mois, par près de 650 000 utilisateurs. Le nom de l'abonné et son adresse IP ont été supprimés et remplacés par un identifiant unique (d'où le terme de pseudo-anonymisation). On s'est vite aperçu que nombre d'internautes avaient l'habitude de taper leur propre nom dans le moteur de recherche (notamment pour surveiller les résultats). Ainsi les scientifiques ont pu facilement identifier l'auteur de chaque requête, y compris les plus personnelles.

144. Kieron O'Hara, « Transparent government, not transparent citizens : a report on privacy and transparency for the Cabinet office », 2011, disponible sur www.cabinetoffice.gov.uk.

Conclusion

Données ouvertes, territoire ouvert ?

L'open data est un mouvement porteur de nombreuses promesses, d'innovation économique et sociale, de renforcement démocratique et de services utiles au quotidien.

Mais cette approche reste aussi marquée par le contexte dans lequel elle naît et se développe, et en particulier le sentiment de méfiance, voire de défiance à l'égard des gouvernements et de la conduite des affaires publiques par les élites. La confiance que l'on accorde aujourd'hui à nos élus est plus limitée et l'open data est aussi le fruit de son époque.

L'ouverture des données interroge aussi, par ses racines et ses pratiques, notre rapport aux acteurs publics, à la manière de gouverner, que ce soit une ville, une région ou un État. Peut-elle constituer une réponse à la défiance affichée[145] ?

145. Le lecteur pourra se reporter à l'analyse de Daniel Kaplan « L'ouverture des données publiques, et après ? » publiée le 09/11/2010 sur *InternetActu.*

Il y a deux temps dans la démarche open data : rendre public (les données) puis engager de nouvelles relations (autour de ces informations).

Rendre public n'est que la première étape de l'ouverture. L'argument de transparence, souvent invoqué, y prend tout son sens. Publier les données que l'on possède, c'est d'abord montrer concrètement ce que l'on fait, et nombre d'élus découvrent à cette occasion des ressources qu'ils n'imaginaient pas au sein de leurs propres administrations. De même, nombre de citoyens pourront avoir accès à certaines données brutes et, potentiellement, se forger leur opinion sur tel sujet de l'action publique. Est-ce pour autant suffisant pour recréer de la confiance ?

Ne faut-il pas voir dans l'open data que le dernier avatar de l'idée du *management* public, où la transparence sert avant tout à rendre des comptes sur la performance des services publics et la satisfaction des contribuables-consommateurs ?

Le choix de ce qui est ouvert n'est jamais anodin, et l'open data peut également être utilisé pour préparer les opinions à des changements, par exemple en terme de financements de certains services ou de subventions aux associations. La donnée brute n'est jamais aussi objective que ses promoteurs voudraient le faire croire. Elle est toujours le fruit d'une méthode de calcul et de mesure, d'une certaine manière de voir la réalité.

Personne ne se verra jamais reprocher d'être transparent. Mais si cet effort n'est pas partagé par tous les acteurs de la société, gouvernement, collectivités, mais aussi entreprises et associations, il risque automatiquement de braquer la lumière sur les seuls dysfonctionnements des acteurs publics et d'entretenir alors le sentiment qu'il entendait combattre.

Dans le triptyque transparence/participation/collaboration[146], on aurait tort de ne retenir que le premier terme. Il y a sans doute, au-delà de la transparence, une piste tout aussi porteuse d'avenir pour notre sujet. C'est celle du second temps de l'ouverture : s'engager dans de nouvelles relations autour des données, dans une logique d'innovation ouverte et plus largement de gouvernement ouvert.

Toutes les organisations, collectivités ou entreprises qui ont mis en œuvre une démarche d'open data peuvent en témoigner : le chemin parcouru est intéressant, pas uniquement la destination. Le travail de recensement des sources et de partage entre les différents services se révèle déjà en tant que tel porteur de sens. La confrontation à des réutilisations que l'on n'avait pas imaginé l'est également. En un sens, l'open data change tout autant celui qui ouvre ses données que celui qui va les réutiliser. La question posée reste celle du rôle de l'acteur public : doit-il être celui qui sait tout, qui prévoit tout, qui décide de tout pour le bien de tous ? Ou alors doit-il jouer un rôle de pilote de l'action publique, qui intègre dans ses processus les apports et les contributions de tiers ? En un mot, un acteur chef d'orchestre, davantage porté sur la gouvernance que sur le gouvernement.

Pour que l'open data produise les résultats que l'on est en droit d'attendre, il faut que la démarche d'ouverture ne se limite pas aux seules données, mais s'élargisse au dialogue entre tous les acteurs. À cette condition seulement pourra-t-on alors parler de l'émergence de territoire ouvert. Les prochaines années seront décisives pour mesurer comment l'ouverture des données publiques a répondu aux promesses et aux espoirs qu'elle a suscités.

146. *Cf.* chapitre 1.

Les acteurs du mouvement open data

• **iFRAP** (Fondation pour la recherche sur les administrations et les politiques publiques)

◈ Site web : www.ifrap.org.

Ce *think tank,* fondé en 1985 par Bernard Zimmern, est devenu une fondation reconnue d'utilité publique en 2009. L'iFRAP a pour objectif de « lutter contre la bureaucratie et développer les créations d'entreprises et l'emploi ».

◈ *Principales publications et prises de positions sur le sujet :*

- Société civile, publication mensuelle de l'iFRAP, « Données publiques : Open Data ou Omerta », janvier 2011.
- Manifeste Open Data, « Les données publiques nous appartiennent ! », juin 2011.
- Classement international 2011, « Open Data et Open Government ».

• **Regards Citoyens**

◈ Site web : www.regardscitoyens.org.

Ce collectif, fondé en 2009 par Jean-Baptiste Gabellieri (étudiant en communication et philosophie), Tangui Morlier (consultant en informatique), Benjamin Ooghe-Tabanou (ingénieur de recherche) et Brice Person (développeur web indépendant), a pour objectif de « proposer un accès simplifié au fonctionnement de nos institutions démocratiques ».

◈ *Principales publications et prises de positions sur le sujet :*

- « Déclaration sur l'open data en France », prise de position commune : Regards Citoyens, Creative Commons France, Open Knowledge Foundation et Veni Vidi Libri, juin 2011.
- « OpenData : la moyenne pour un data.gouv.fr sous formats propriétaires », décembre 2011.

• **Fing** (Fondation internet nouvelle génération)

◈ Site web : www.fing.org.

Créée en 2000 par une équipe d'entrepreneurs et d'experts, la Fing est un *think tank* de référence sur les transformations numériques. La Fing regroupe aujourd'hui plus de 260 membres, parmi lesquels on compte des grandes entreprises, des start-ups, des laboratoires de recherche, des universités, des collectivités territoriales, des administrations, des associations.

◈ *Principales publications et prises de positions sur le sujet :*

- « Guide pratique de l'ouverture des données publiques territoriales », version de travail n° 1, janvier 2011.
- « L'ouverture des données publiques, et après ? », article de Daniel Kaplan, délégué général Fing, novembre 2011.
- Les dossiers d'*InternetActu* sur le sujet de l'open data.

• **LiberTIC**

◈ Site web : libertic.wordpress.org.

LiberTIC, association nantaise de loi 1901, fut créée en décembre 2009, suite à l'atelier « Open Data » organisé à la Cantine à Paris. Elle a pour objectif de promouvoir l'ouverture des données publiques, l'e-démocratie, le gouvernement 2.0 et d'accompagner notre territoire dans le développement et l'utilisation d'applications numériques d'utilité publique.

◈ *Principales publications et prises de positions sur le sujet :*

- « Carte participative de l'open data en France », mise à jour régulière sur le site de LiberTIC.
- « L'open data à la loupe », film de présentation de la démarche, décembre 2011.
- « Pourquoi la réutilisation des données publiques à des fins commerciales doit être gratuite ? », février 2011.

Biographie

Simon Chignard est diplômé de Télécom École de Management. Il a participé dès 2010 à l'animation de l'ouverture des données publiques de Rennes Métropole, territoire pionnier en France. Conférencier, il intervient régulièrement sur le sujet et a publié plusieurs articles sur l'approche politique, sociale et économique de l'open data.

Consultant et formateur indépendant, il est à titre bénévole président de l'association Bug (innovation sociale et numérique) et vice-président de la Cantine numérique rennaise.

Remerciements

Ce livre est le fruit de nombreuses rencontres et d'échanges, partout en France, en 2010 et 2011. À Rennes tout d'abord, où j'ai eu l'opportunité et la grande chance de participer dès 2010 à l'animation de l'ouverture des données publiques et d'échanger avec tous ceux qui, détenteurs de données ou réutilisateurs, y ont contribué. Un merci particulier à Bernadette Kessler, Amiel Lavon, Christophe Millot, Hugues Aubin, Norbert Friant, Noël Philippe, Cécile Tamoudi, Yann Bonnel et Sylvain Hellegouarch.

Mes activités bénévoles au sein de Bug et de la Cantine numérique rennaise m'ont fourni un poste d'observateur privilégié. Merci aux équipes de ces deux associations, et en particulier à Richard de Logu et Régis Chatellier qui ont aussi « mis les mains dans le cambouis » de l'open data et en ont tiré des leçons qui me semblent très pertinentes. De plus, en 2011, j'ai été invité à participer à plusieurs conférences et rencontres, à Paris, Nantes, Marseille, Bordeaux, Anglet ou Bruxelles. Merci à leurs organisateurs et à ceux avec lesquels j'ai pu échanger, parfois de manière approfondie : Cédric Favre, Yann Le Tilly, Claire Gallon, Alain Chaumet, Bruno Marzloff, Émile Hooge, Loïc Haÿ, Sébastien Le Bail, Romain Lacombe, Roch Giraud et Laure Prat. Un certain nombre d'entre eux ont accepté de relire mon manuscrit et leurs remarques m'ont été précieuses. Par ailleurs, ma route a parfois croisé celle de Valérie Peugeot. Aussi, je vous recommande la lecture de ses travaux sur le sujet. Un grand merci à elle. Avec Antonio Casilli, il n'a jamais été question d'open data, mais plutôt de livres et d'envie d'écrire, je lui dois mon premier passage à l'acte.

Je crois avoir souligné dans cet ouvrage le rôle de la Fondation Internet nouvelle génération sur ce thème. Merci donc à l'équipe de la Fing, en particulier à Charles Népote, responsable du programme open data et Hubert Guillaud, rédacteur en chef d'*InternetActu*. De plus, je suis très honoré que Jacques-François Marchandise ait accepté de rédiger la préface de cet ouvrage. Merci également à mon éditeur FYP Éditions, Philippe et Florence.

Enfin, ce travail a bénéficié de la grande bienveillance et des encouragements répétés de ma première lectrice, ma compagne. Au moment où j'en achevais la rédaction, elle donnait naissance à notre deuxième enfant, une fille. Ce livre leur est dédié à elles deux, ainsi qu'à mon fils dont, si vous avez bien lu cet ouvrage, vous connaissez déjà le prénom.

Site compagnon de l'ouvrage

www.donneesouvertes.info est le site compagnon de cet ouvrage. Il propose des liens vers les références citées dans le livre et permet de rentrer en relation avec l'auteur.

Achevé d'imprimer en mars 2012
Imprimé en France sur les presses de l'imprimerie France Quercy - Qualibris
Dépôt légal : mars 2012
ISBN : 978-2-916571-70-6